재미있는 식물 산책 도감

만화와 사진으로 즐기는 풀꽃의 비밀과 매력

하나후쿠 코자루 지음 | 이태용 옮김

BM 성안북스

OMOSHIRO SHOKUBUTSU ZUKAN:
YURU-KU TANOSHIMU, KUSABANA NO MIRYOKU by Kozaru Hanafuku

Copyright ⓒ 2016 Kozaru Hanafuku
All right reserved.
Original Japanese edition published by Seibundo Shinkosha Publishing Co., Ltd.

This Korean edition is published by arrangement with Seibundo Shinkosha Publishing Co., Ltd.,
Tokyo in care of Tuttle-Mori Agency, Inc., Tokyo through Imprima Korea Agency, Seoul.

이 책의 한국어판 출판권은
Tuttle-Mori Agency, Inc., Tokyo와 Imprima Korea Agency를 통해
Seibundo Shinkosha Publishing Co., Ltd.와의 독점계약으로 성안북스에 있습니다.
저작권법에 의해 한국 내에서 보호를 받는 저작물이므로 무단전재와 무단복제를 금합니다.

차례

시작하며 … 3
이 책의 사용법 … 5
등장인물 소개 … 6

산과 들에서 자라는 풀(봄, 여름) … 7
| 칼럼① | 움직이는 꽃 … 68

산과 들에서 자라는 풀(가을, 겨울) … 69
| 칼럼② | 하얀 생물들 … 96

나무(봄, 여름) … 97
| 칼럼③ | 얼룩 나무 … 158

나무(가을, 겨울) … 159
| 칼럼④ | 외계인인가? … 188

원예종 … 189

후기 … 216 / 식물명 색인 … 221 / 참고문헌 … 223

이 책의 사용법

이 책에서는 주변에서 자라는 식물 100종을 '산과 들에서 자라는 풀(봄, 여름)' '산과 들에서 자라는 풀(가을, 겨울)' '나무(봄, 여름)' '나무(가을, 겨울)' '원예종' 이렇게 크게 다섯 가지로 나누어 소개하고 있습니다. 학명을 참조한 문헌은 p.223에 정리했습니다.

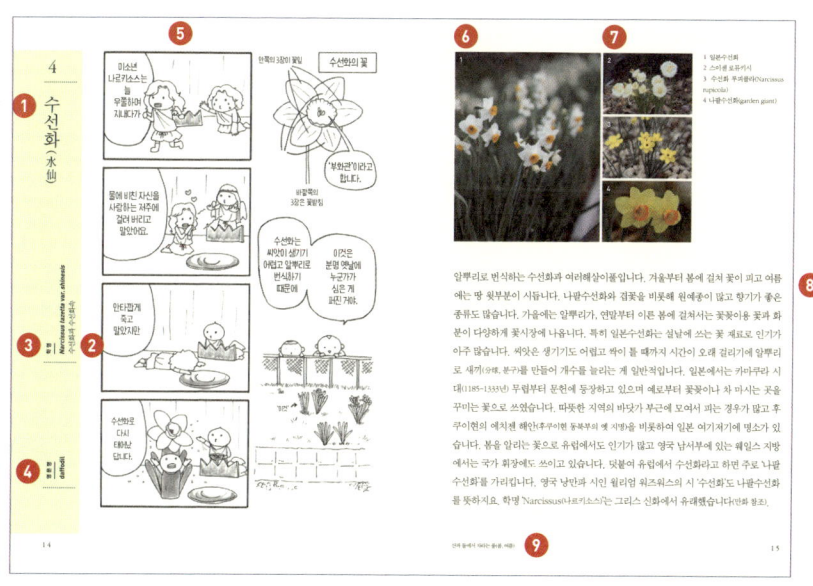

① 이름
일본에서 일반적으로 불리는 명칭. ( ) 안은 주로 쓰는 한자 이름.

② 학명
세계 공통의 식물 이름. subsp.는 아종, var.는 변종, f.는 품종을 표시합니다.

③ 분류
과명, 속명.

④ 영문명
주로 쓰는 영어 이름.

⑤ 만화
늘 자주 보는 식물의 구분법, 꽃가루받이의 구조 같은 특징을 만화로 소개했습니다. 키우는 법의 포인트, 모종 식물의 판매 시기 등 꽃집만이 알고 있는 정보도 함께 담았어요.

⑥ 메인사진
식물 전체, 세부 생김새 등을 크게 소개합니다.

⑦ 서브 사진
메인 사진으로는 알 수 없던 부위나 그 밖의 품종 등을 소개합니다.

⑧ 해설문
식물이 자라는 환경, 꽃이 피는 때, 먹는 법과 꽃에 관한 책과 노래 등을 소개합니다. 주변에서 볼 수 있는 식물의 매력을 이 책으로 틈틈이 편하게 즐겨주세요.

⑨ 카테고리
'산과 들에서 자라는 풀(봄, 여름)' '산과 들에서 자라는 풀(가을, 겨울)' '나무(봄, 여름)' '나무(가을, 겨울)' '원예종'으로 크게 나누었습니다.

등장인물 소개

코자루
꽃집 점원이자 만화가.
점장과 둘이서 '하나후쿠 꽃집'을 운영 중.
이 책의 저자.

점장
'하나후쿠 꽃집'의 점장.
코자루의 남편.

직각
코자루 집의 고양이.
나이는 19살. 손님으로 출연.

형제
풀꽃을 사랑하는 형제.

삐약이
꽃도 열매도 좋아하는 병아리.

졸리
자칭 말티즈.
먹보입니다.

갓파
'하나후쿠 꽃집'
근처 연못에 살고 있습니다.
술을 좋아합니다.

텐구
갓파의 친구.
갓파처럼 연못에서 살고 있습니다.

형님
식물원의 형님.

산과 들에서 자라는 풀

(봄, 여름)

1

별꽃 (繁縷 / 번루)

학명
Stellaria media
석죽과 별꽃속

영문명
chickweed, stitchwort

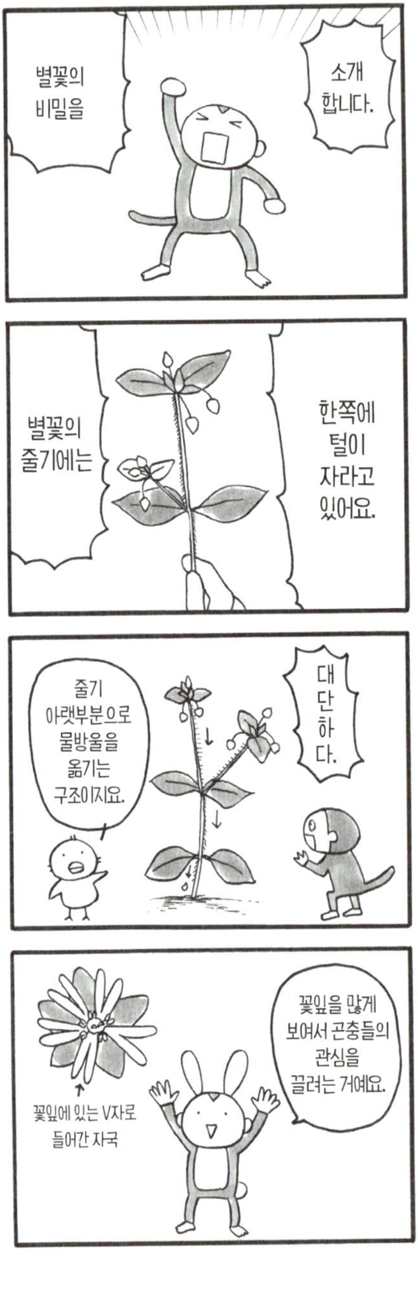

1 줄기가 적자색을 띠면 '애기별꽃(코하코베)'이라는 표시예요. 녹색을 띠면 초록별꽃(미도리하코베, Stellaria neglecta)라고 합니다. 2 줄기에 털이 자라고 있습니다.

별꽃은 밭이나 길가에 흔하게 자라는 두해살이 잡초로 전 세계에 광범위하게 분포하고 있어요. 엄격히 말하면 일년초예요. 석죽과로 가을에 싹을 내고 겨울을 보낸 다음 여름에 시드는 겨울한해살이풀(월년초)입니다. 새 모이로 인기가 많아요. 어린 시절, 친구 집에 있는 잉꼬에게 선물로 주려고 자주 따서 갔습니다. 그때부터 '줄기가 녹색과 적자색이 있구나' 하고 생각했는데, 도감 여러 권을 확인해보니 줄기가 녹색인 별꽃이 '봄의 일곱 가지 나물(대표적인 봄나물 일곱 가지_미나리, 냉이, 떡쑥, 별꽃, 광대나물, 순무, 무)' 가운데 하나인 '초록별꽃'으로, 단순히 '별꽃'이라고 부를 때는 이 종류라고 하더군요. 줄기가 붉은 자주색 쪽은 귀화식물인 '애기별꽃'이었습니다. 놀랍게도 각각 다른 품종이었지요. 인터넷에 검색해보니 정보가 뒤죽박죽이어서 오히려 뭐가 뭔지 알 수 없었어요. 봄의 일곱 가지 나물로 죽(일본에서 음력 1월 7일이면 대표적인 봄나물 일곱 가지를 넣어 쑤는 죽)을 쑤어 먹을 때는 살짝 데쳐 넣는 편이 먹기 좋은데, 귀찮다고 그냥 넣으면 약간 풋내가 납니다. 설마라고요? 시험해보세요.

2 냉이 (薺/제)

학명 | *Capsella bursa-pastoris* var. *triangularis*
십자화과 냉이속

영문명 | shepherd's purse

냉이가 굳이 추운 겨울을 버티는 이유는

꽃
십자 모양의 꽃
십자화 꽃은 열십자(+) 모양
구분하기가 쉽구나.

꽃이 별로 없는 이른 봄에 조금이라도 빨리 곤충을 부르기 위해서입니다.

별꽃도 그래.

열매
열매 속에는 샤미센의 채와 비슷해서 '팽팽풀'

십자화과에는 맛있는 채소가 많습니다.

길러 먹고 싶은데 이상하게 우리 집 화분에서는 잘 자라지 않아.

별꽃만 잔뜩.

흔들거릴 때마다 차르르 소리가 납니다.

열매를 흔들흔들 흔들면

냉이는 도시에서는 사람들이 먹을 수 있는 곳에 좀처럼 자라지 않아요. 아쉬워요.

하나후쿠 꽃집에서

뭐예요? 이 커다란 팽팽풀은

콩다닥냉이야.

북아메리카가 원산지래.

10

하트처럼 생긴 열매가 바닥으로 떨어져 갈라지면 주위로 씨앗이 퍼집니다. 덕분에 냉이는 점점 불어나지요.

냉이는 특유의 향과 쌉쌀한 맛이 나는 겨울한해살이풀로 전국 방방곡곡에서 볼 수 있습니다. 가을에 싹을 내고 로제트(잎이 방석처럼 펼쳐진 모양) 상태로 겨울을 보낸 다음 이른 봄에 광대나물, 개양귀비 같은 들풀보다도 먼저 꽃을 피웁니다. 꽃집 근처에서 자라는 들풀은 언제든지 사진을 찍을 수 있다고 방심하고 있다가 이 책에 실릴 시점을 놓치는 바람에 당황했습니다. 비교적 정확하게 볼 수 있는 때가 정해져 있기에 날씨가 조금이라도 따뜻해지면 금세 그 수가 줄어들어 버립니다. 냉이는 '봄의 대표적인 나물' 중 하나입니다. 우리 집 화분에서는 자라지 않지만, 바쇼의 하이쿠 '가만히 살펴보니 냉이 꽃이 피어 있다. 울타리 밑에'처럼 울타리 밑에서라도 잘 자라주면 좋겠습니다.

1 열을 느끼는 정도에 따라 열리거나 닫히는 꽃. 2 어두운 날에는 꽃이 닫혀요.

미나리아재비과 복수초속의 여러해살이풀로 산과 들판의 추운 곳을 좋아합니다. '행복'과 '장수'를 합쳐 '복수초'라는 이름이 되었습니다. '봄 식물' '봄의 요정'이라는 별명이 있는데, 음력 설 무렵에 꽃이 피기 때문에 '원일초(元日草)'라는 별명도 있습니다. 새해를 축하하는 꽃으로 에도 시대(1603~1867년)부터 큰 인기를 얻은 고전적인 원예식물이라 원예 품종도 많습니다. 이른 봄에 꽃을 피우고 여름에 땅 위에 있는 부분이 시든 채로 이듬해 봄까지 보내는 풀꽃을 가리키는 '춘계 단명 식물(spring ephemeral, 이른 봄에 꽃을 피우고 여름까지 잎을 붙인 채로 있다가 그 후 땅 위로는 시든 채로 지내는 풀꽃들을 부르는 말)'의 대표입니다. 머위의 어린 꽃줄기와 닮았지만 독이 있으니 먹지 않도록 조심해야 합니다. 점장에게 "왜 꽃집에 많이 갖다 놓지 않아요?"라고 물은 적이 있는데, 최근에는 출하량이 적어 가격이 갑자기 오르기 쉬워 그랬다고 합니다. 생산자도 줄었을지 모르겠네요. 올해는 어떨까요?

1 일본수선화
2 스이센 로뮤키시
3 수선화 루피콜라(Narcissus rupicola)
4 나팔수선화(garden giant)

알뿌리로 번식하는 수선화과 여러해살이풀입니다. 겨울부터 봄에 걸쳐 꽃이 피고 여름에는 땅 윗부분이 시듭니다. 나팔수선화와 겹꽃을 비롯해 원예종이 많고 향기가 좋은 종류도 많습니다. 가을에는 알뿌리가, 연말부터 이른 봄에 걸쳐서는 꽃꽂이용 꽃과 화분이 다양하게 꽃시장에 나옵니다. 특히 일본수선화는 설날에 쓰는 꽃 재료로 인기가 아주 많습니다. 씨앗은 생기기도 어렵고 싹이 틀 때까지 시간이 오래 걸리기에 알뿌리로 새끼(分球, 분구)를 만들어 개수를 늘리는 게 일반적입니다. 일본에서는 카마쿠라 시대(1185~1333년) 무렵부터 문헌에 등장하고 있으며 예로부터 꽃꽂이나 차 마시는 곳을 꾸미는 꽃으로 쓰였습니다. 따뜻한 지역의 바닷가 부근에 모여서 피는 경우가 많고 후쿠이현의 에치젠 해안(후쿠이현 동북부의 옛 지명)을 비롯하여 일본 여기저기에 명소가 있습니다. 봄을 알리는 꽃으로 유럽에서도 인기가 많고 영국 남서부에 있는 웨일스 지방에서는 국가 휘장에도 쓰이고 있습니다. 덧붙여 유럽에서 수선화라고 하면 주로 '나팔수선화'를 가리킵니다. 영국 낭만파 시인 윌리엄 워즈워스의 시 '수선화'도 나팔수선화를 뜻하지요. 학명 'Narcissus(나르키소스)'는 그리스 신화에서 유래했습니다(만화 참조).

5 쇠뜨기 (杉菜/삼채)

학명 *Equisetum arvense* 속새과 속새속

영명 field horsetail

뱀밥은 어린 시절에 엄청 뜯은 기억이 나는데,

그런데? 먹은 기억은 없다.

'쇠뜨기'
홀씨를 만드는 생식줄기가 '뱀밥'

엄마가 그렇게 쪄줘도 전혀 안 먹었잖아.

응? 그랬었어?

아이 입맛에는 맞지 않았던 것 같습니다.

근처 기찻길 가에 잔뜩 자라고 있는 쇠뜨기

쇠뜨기의 홀씨를 모아 씨가 마르도록 가볍게 널어두면

대단해!

모두 뿌리줄기로 이어져 있다!

재밌네!

홀씨가 가는 실 모양의 먼지처럼 됩니다.

쇠뜨기와 속새는 같은 속새과.

닮았어.

속새

1 아무 데서나 잘 자라는 쇠뜨기. 2 쇠뜨기의 홀씨. 3 홀씨가 실 같은 먼지 상태가 된 모습. 4 뱀밥.

양치식물 속새과의 여러해살이풀입니다. 만화에도 그랬듯이 속새와 똑 닮았습니다. 예로부터 일본인에게 친근한 여러해살이풀이다 보니 '뱀밥이' '쇠뜨기돌이' 같은 별명이 아주 많습니다. 쇠뜨기는 양치식물이라 꽃과 씨앗을 만들지 않고 홀씨로 번식합니다. 이 홀씨를 날리는 것이 봄에 나오는 뱀밥이지요. 그 후 잎(거의 줄기 부분)이 자라나는데, 이게 바로 쇠뜨기입니다. 쇠뜨기는 메마른 땅이나 산성 토양에서도 자랄 수 있는 매우 튼튼한 들풀입니다. 얼마나 튼튼한지 알려주는 일화가 있어서 소개합니다. '일찍이 원자폭탄이 떨어져 모든 것을 잃은 히로시마에 가장 먼저 녹색을 되돌린 것이 이 쇠뜨기였다고 합니다(이나가키 히데히로/미카키 오사무, 『친숙한 잡초들이 유쾌하게 사는 법』, 2011년).' 풀을 뽑는 걸 싫어하지만 쇠뜨기 때문에 약간 생각이 바뀌기도 했답니다. 말리면 이뇨작용을 도와 신장염에 효과가 있는 '문형'이라는 생약의 원료가 된다고도 합니다. 쇠뜨기, 대단해요!

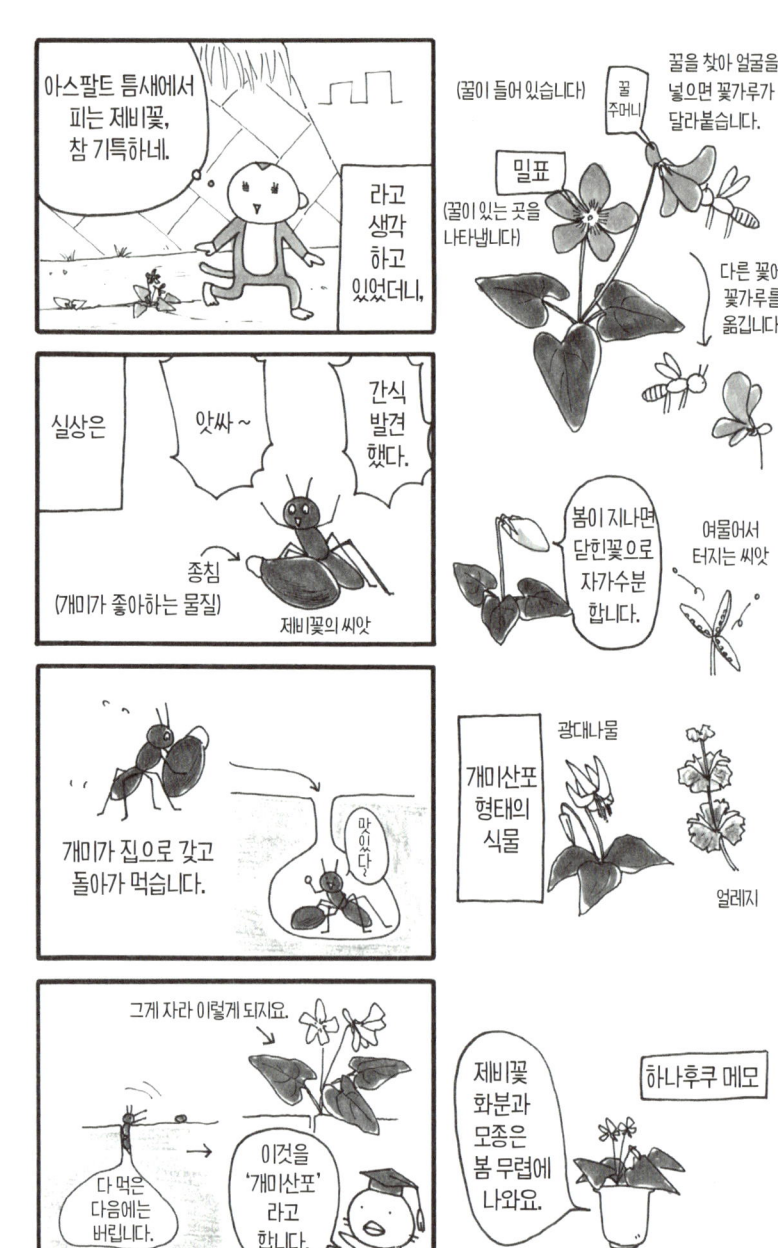

1 낚시제비꽃(viola grypoceras)의 잎은 둥글고 하트 모양입니다. 2 세 갈래로 열매가 맺힌 모습 3 밀표가 곤충을 꾑니다.

제비꽃은 꽃 모양이 하늘을 나는 제비처럼 생겨서 붙은 이름입니다. 제비꽃과 제비꽃 속의 여러해살이풀로 산과 들에서는 물론 도시에서까지 여기저기에서 저절로 자라는 매우 친숙한 들풀입니다. 아스팔트와 콘크리트의 틈새에서도 자라는 걸 볼 수 있는데, 만화에서 그렸듯이 씨앗에 그 비밀이 있습니다. 같은 해 같은 곳에 나타나 더워지면 닫힌 꽃을 피우고 있는 것도 볼 수 있지요. 원예종을 포함해 품종이 매우 많습니다. 향기가 좋은 품종도 많습니다. '제비꽃'과 '낚시제비꽃'이 유명한데요, 겨울 꽃밭에 단골인 '팬지'와 '비올라'도 제비꽃의 원예종입니다. 역시 향기 좋은 종류가 많이 있습니다. 예로부터 친숙하게 사랑받은 꽃이라 별명과 애칭도 많습니다. 또한 제비꽃을 노래한 전통 노래나 시, 하이쿠(俳句, 일본의 짧은 정형시) 등도 다양합니다. 마쓰오 바쇼의 하이쿠 구절 '산길 걷다 나도 모르게 마음 끌리네, 제비꽃'이 유명합니다. 『타로보우(太郎坊)』라는 코우다 로한(일본의 소설가, 1867~1947년)의 단편 소설이 있어서 '타로보우'가 뭘까 읽어보았더니, 제비꽃의 별명으로 눈시울이 촉촉해지는 이야기였습니다. 한국에서는 가수 조동진의 제비꽃 노래가 유명합니다. 어린싹은 무침이나 국의 건더기로 해서 먹고 꽃은 설탕 조림을 해서 과자 장식 등으로 쓸 수 있습니다. 그리고 보니 초등학생 시절 읽었던 소녀 만화에 '제비꽃 사탕 조림이 들어간 젤리'라는 것이 나와서 '아, 멋있어!'라고 감탄했던 기억이 납니다.

7 머위 (蕗/로)

학명
Petasites japonicus
국화과 머위속

영문명
butterbur

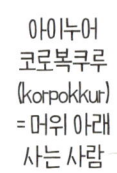

1 머위는 약간 습한 곳을 좋아하고 뿌리줄기가 옆으로 뻗으면서 자라납니다. 2 쌉쌀하고 맛있는 머위의 꽃눈.
3 암꽃은 줄기를 뻗어 갓털이 있는 씨앗을 만듭니다.

국화과 머위속의 여러해살이풀로 일본이 원산지인 식물입니다. 습한 반그늘을 좋아해 도시에서도 약간 습한 뒷골목 같은 곳에서 저절로 자라기도 하는데, 홋카이도와 도호쿠 지역에서 저절로 자라는 아주 커다란 머위는 '아키타 머위'라고 하는 머위의 변종입니다. 암수딴그루로 암꽃은 쑥쑥 자라서 씨앗을 만듭니다. 수꽃은 옅은 노란색으로 거의 위로 자라지 않고 뿌리줄기를 옆으로 뻗어서 포기를 늘립니다. 채소로도 재배되어 유통되고 있습니다. 초봄에 나오는 어린 꽃눈은 잘게 썰어 된장국에 넣거나 튀김, 된장무침을 비롯한 다양한 요리로 즐길 수 있습니다. 잎자루는 조림이 가장 맛있습니다. 그러고 보니 에도 시대(1603~1867년)의 요리책 『두부백진(豆腐百珍)』에서 '머위 된장 무침'이 나오는 걸 보면 꽤 옛날부터 머위를 먹었음을 알 수 있어요. 한국에서는 머위대를 삶아 들깨에 버무려 먹는 요리가 별미입니다.

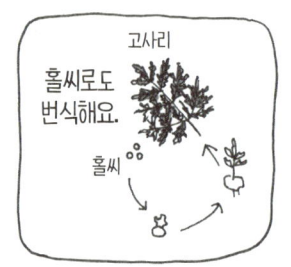

8 고사리 〈蕨/궐〉

Pteridium aquilinum subsp. japonicum

과명: 고사리과 고사리목

영명: bracken, brake, hogpasture brake, pasture brake

Tip leather fern(레더펀)은 고사리과 식물로, 두툼하고 광택이 있어서 마치 가죽처럼 보여 Leather(가죽)이라는 말이 붙은거에요.

1 고사리의 맨 끝에는 녹색빛을 띠는 부분과 보랏빛을 띠는 부분이 있습니다.
2 고사리의 잎
3 빛이 잘 드는 곳에서 자랍니다.
4 갈색 털에 둘러싸인 고비

양치식물 고사리과로 여기저기에서 잘 자라는 갈잎 성질의 여러해살이풀입니다. 봄에 새싹이 나오고 겨울에는 땅 윗부분이 시들어버립니다. 50cm~1m 정도로 자라고 밝은 곳을 좋아합니다. 뿌리줄기로 번식하고 봄에 나오는 새싹은 인기 있는 산나물이라 채소로도 재배합니다. 독이 있기 때문에 먹기 전에 떫은맛을 없애야 하는데 그 작업이 좀 귀찮습니다. 고사리 떡은 고사리의 뿌리줄기에서 전분을 뽑아내어 만드는데, 손이 매우 많이 가서 비싸기 때문에 요즘은 고구마 전분과 칡뿌리 가루 등을 섞어 만드는 경우가 많다고 합니다. 고사리의 어린순은 갈색으로 꼬불꼬불한 모양을 하고 있는데, 이러한 모양 때문에 어린순을 영어로는 '소용돌이 모양의 장식'이란 뜻의 'fiddlehead'라고 붙였다고 해요. 한국에서는 비빔밥에 들어가는 고사리나물이 고사리의 어린순으로 만든 것이에요. 꽃집 근처의 기찻길을 따라 있는 둑에서 해마다 많이 자라지만 철망이 쳐져 있어 들어갈 수는 없어 고사리를 좋아하는 한 사람으로서 매우 아쉽습니다. 해마다 봄이 되면 아주 많은 고사리가 얼굴을 내밀고 누구의 손에도 닿지 않은 채 쑥쑥 자라고 있습니다.

9 광대나물 (佛座/불좌)

학명: *Lamium amplexicaule* 꿀풀과 광대수염속

영문명: henbit

꿀풀과 특유의 혀 모양 꽃이에요.
밀표

별명은 부처님이 앉아 계시는 연화좌와 닮아서 '부처님의 자리'라고 불려요.

여기에 올라타서

머리를 넣으면 꽃가루가 묻는 구조

꿀풀과 식물들은 대개 줄기가 사각형이래.

진짜네!

여름에는 닫힌꽃을 피워요.

씨앗에는 개미의 간식인 종침이 있지요.

제비꽃이랑 비슷하구나.

← 꿀풀의 줄기도 사각형이에요.

※ 볕이 좋지 않으면 봄에도 닫힌꽃을 피워요.

1 위에서 보면 밀표가 눈에 띄는 꽃입니다.
2 층층으로 보이는 잎.
3 둥근 모양은 닫힌꽃.

꿀풀과의 겨울한해살이풀(월년초)로 여기저기에서 저절로 자라납니다. 30cm 정도 크고 가을에 싹이 나서 이듬해 이른 봄부터 6월 무렵에 적자색의 꽃이 핍니다. 꽃봉오리인 채로 열매를 맺는 닫힌꽃도 잘 핍니다. 씨앗에는 개미가 좋아하는 종침(elaiosome)이 붙어 있어 제비꽃처럼 개미가 가져갑니다. 개미산포식물은 앞에 소개한 제비꽃, 복수초, 얼레지를 비롯해 다양하게 있습니다. 광대꽃을 살펴보면 한 다리는 줄 위에 딛고 다른 한 다리는 머리와 몸을 접힌 듯한 모양 때문에 광대라는 이름으로 불려요. 자세히 살펴보면 윗입술과 아랫입술을 벌린 모양으로 마치 혀 모양으로 보이지요. 꿀벌이 아랫 입술에 내려 앉아 안으로 머리를 넣어 꽃가루를 묻히는 구조랍니다. 이렇게 움직이지 못하는 식물은 벌을 이용하여 암수가 만나 교접을 하고 번식을 합니다. 자연의 이치는 대단하지요?

10 민들레 (蒲公英 / 포공영)

학명: *Taraxacum* 국화과 민들레속

영문명: dandelion

	재래종 (민들레)	외래종 (서양민들레)
꽃을 구분 하는 방법		여기가 뒤집혀 있다
꽃	작다	크다
피는 시기	봄	1년 내내
씨앗	적다	많다
번식 방법	딴꽃가루받이	단위생식
사는 곳	시골에 많다	도시에 많다

1 서양민들레는 꽃받침이 뒤집혀 있어요. 2 혀꽃(설상화)이 모여서 피어요. 3 민들레(관동민들레)
4 각 꽃의 줄기 아랫부분에서 씨앗이 생겨요.

국화과 민들레속의 여러해살이풀입니다. 봄이 되면 길가 여기저기에서 노란 꽃과 톱니바퀴 모양의 민들레 뿌리 잎을 쉽게 만나게 됩니다. 특히 민들레 뿌리 잎은 땅 위에 방사선 모양(로제트rosette)으로 퍼져 있는 모습이 인상적이지요. 도시에서 가장 인기 있는 외래종 서양민들레를 비롯해 홋카이도에 많은 '에조민들레' 칸토 지방에 많은 '관동민들레' 긴기 지방에서 기타큐슈 지역에 걸쳐 분포하는 '관서민들레' 등 그 종류가 아주 많습니다. 언젠가는 여기저기로 민들레 관찰 여행을 다녀보고 싶습니다.

잎과 뿌리는 먹을 수 있지만 저 역시 먹어본 적은 아직 없습니다. 이것도 언젠가는 시험해봐야겠네요. 이 사진을 찍기 위해 근처에 있는 민들레를 찾았더니 웬걸, 전부 서양 민들레였습니다. 한국에서도 민들레는 봄이 되면 각 처에서 많이 볼 수 있는 풀꽃입니다. 비교적 어떤 환경에서도 잘 자라는 강인한 생명력을 가지고 있지요. 잎이나 뿌리는 식용으로 사용할 수 있는데, 그럴 때는 주변 오염도가 낮은 곳에서 채취해야 합니다. 민들레의 꽃말은 '감사'입니다.

11 자운영 (紫雲英)

학명 | *Astragalus snicus* 콩과 자운영속

영문명 | chinese vetch, milk vetch

'연화좌'와 비슷해서 '연화초'

자운영벌꿀

1 벌은 밀원을 찾으면 공중에서 8자 모양으로 춤을 추어 동료들에게 알려 꿀을 모읍니다.
2 꽃집 근처에 있는 센조쿠 연못의 자운영 무리.

콩과 자운영속의 겨울한해살이풀(월년초)로 중국이 원산지인 귀화식물입니다. '연화초'라고도 불리지만 정식 이름은 '자운영'입니다. 혼슈 중서부에 있는 기후현의 상징 꽃이라는데, 기후현에는 자운영이 한가득 피어 있을지 궁금하네요. 뿌리에 붙어 있는 뿌리혹박테리아가 공기 중의 질소를 고정해 영양분으로 만들기 때문에 일찍이 벼를 벤 다음에 씨앗을 뿌려서 키우고 논에 풋거름으로 또는 목장에 목초로 쓰고 있습니다. 옛날에는 봄이 되면 여기저기 논과 들판에 자운영이 밭처럼 모여 피어있는 것을 볼 수 있었습니다. 도시에서는 거의 자운영 밭을 볼 수 없었는데 웬일인지 우리 꽃집 근처에 있는 센조쿠 연못에 자운영이 피어 있는 걸 발견! 5월 무렵에 아름답게 피어 있었습니다. 자운영은 맛이나 향이 특이하지 않아 먹기 쉬울 것 같으니 언젠가 한번 먹어보려고 합니다.

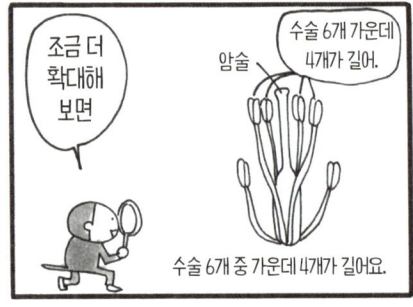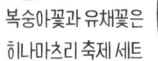

1 유채는 노란색과 향기로 곤충을 끌어들입니다. 2 기찻길의 둑에 피어 있는 유채의 무리. 3 같은 배춧과의 배추 꽃.

배춧과의 한해살이풀(한국에서는 두해살이풀로 보기도 합니다)로 봄에 열십자 모양의 꽃이 핍니다. '유채'라는 말은 유채꽃 자체를 뜻하기도 하고 노란색 꽃을 피우는 유채속 전체를 뜻하기도 합니다. 요사 부손(일본의 하이쿠 시인, 1716~1784년)의 하이쿠 '유채꽃이여, 달은 동쪽에 해는 서쪽에'와 창가(唱歌) 「용월야(朧月夜)」를 비롯해 유채가 나오는 시나 노래도 많습니다. 예로부터 채소로 재배되어 왔는데 씨앗은 채종유(유채 씨앗에서 짜낸 기름)의 원료가 되기 때문에 에도 시대(1603~1867년)부터 기름을 짜기 위해 많이 재배했습니다. 콩 기름 다음으로 많이 소비하고 있습니다. 채종유의 원료는 예전에는 재래종 유채였으나 현재는 기름이 많이 나오는 서양 유채가 주를 이루고 있다고 합니다. 기름을 짜고 난 찌꺼기는 사료나 비료로 쓰입니다. 관상용의 원예종도 있어 히나마츠리(매년 3월 3일 여아의 건강과 행복을 기원하는 일본의 전통 축제) 때에는 빠질 수 없는 꽃 재료입니다. 향기도 좋으므로 꼭 한번 맡아보세요.

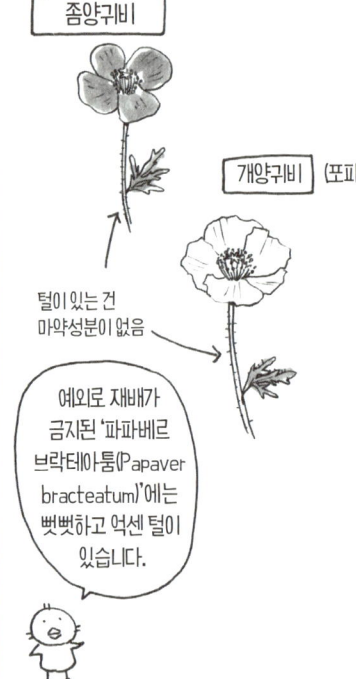

길가에 핀 꽃과 열매, 이 열매 속에 엄청난 수의 씨앗이 들어 있습니다.

양귀비과 양귀비속의 한해살이풀(한국에서는 두해살이풀로 분류)로 씨앗이 보통 개양귀비(포피)보다 가늘고 길어 '긴 열매 개양귀비'라고도 부릅니다. 가을에 싹이 터서 로제트 상태로 겨울을 보낸 후 봄에 꽃을 피웁니다. 유럽이 원산지인 귀화식물로 일본에서는 1961년에 발견된 비교적 새로운 들풀입니다. 제가 어린 시절(1970년대)에 거의 본 적이 없는 건 그런 이유 때문이었습니다. 도쿄에는 15년 정도 전부터 서서히 늘어나기 시작해서 최근에는 여기저기에서 볼 수 있습니다. 봄에 가로수 밑에 오렌지색의 귀여운 꽃을 많이 피웁니다. 한국에서도 많이 볼 수 있습니다. 만화에서 그렸듯이 2,000개 정도의 엄청난 씨앗이 생기니 거리에 늘어날 수밖에 없습니다. '포피'는 양귀비속의 총칭으로 개양귀비, 우미인초, 아마폴라(스페인어), 코쿠리코(프랑스어)처럼 다양하게 불립니다. 양귀비씨인 퍼피씨드는 제과 제빵용, 디저트, 샐러드, 파스타 등에 향신료로 사용하여 식감과 음식이 풍미를 높이는 역할을 합니다. 한국에서는 양귀비씨에 독성이 있기 때문에 관상용 재배만 허용하고 있다고 합니다. 이른 봄에 꽃집에서 파는 꽃꽂이용 꽃은 '아이슬란드 포피'입니다. 꽃꽂이용 꽃은 유통 기간이 짧으니 부디 놓치지 마시길!

1 반질반질 광택이 있는 잎사귀, 대부분 무리지어 있기 때문에 찾기 쉽습니다. 2 작은 붓꽃 같은 꽃입니다.

붓꽃과 붓꽃속의 늘푸른여러해살이풀로 50cm 정도 자라고 일본 각지에 분포하고 있으며 약간 습하고 반그늘을 좋아합니다. 중국이 원산지로 꽤 오래전에 전해진 것 같습니다. 일본붓꽃의 특징 중 하나는 꽃보다 선녹색의 광택이 있는 칼 모양의 잎이 한 쪽 방향으로 자라는 모습이 아름다워 꽃보다 주로 잎이 많이 이용되고 있어요. 한국에서도 음지의 경사진 곳이나 산림, 정원에서 재배되고 있어요. 별명은 '호접화'입니다. 마침 꽃구경(花見, 하나미, 3월 말에서 4월에 걸쳐 꽃이 피는 벚나무 밑에서 즐기는 놀이) 시기에 피기 때문에 본 적이 있는데, 모르는 꽃 같아 이름을 잘 기억해 놓았습니다. 일본붓꽃보다 작고 옅은 보라색 꽃은 히메샤가(ヒメシャガ, 학명 Iris gracilipes A. Gray)로 일일화(아침에 피었다가 저녁에 시드는 꽃)지만 쉬지 않고 계속 핍니다. 씨앗을 만들지 못하는 성질(삼배체)이라 뿌리줄기를 땅으로 뻗어가면서 번식합니다. 따라서 맨 처음 자리를 잡고 자란 일본붓꽃은 원래 누군가가 심은 것으로 생각합니다. 이 성질은 석산(p.70 참조)도 마찬가지입니다.

15

봄망초(春紫菀)
개망초(姬女菀)

학명
Erigeron philadeldphicus
국화과 개망초속

학명
Erigeron annuus
국화과 개망초속

영문명
Philadelphia fleabane

영문명
annual fleabane

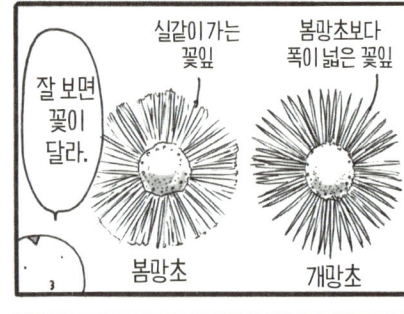

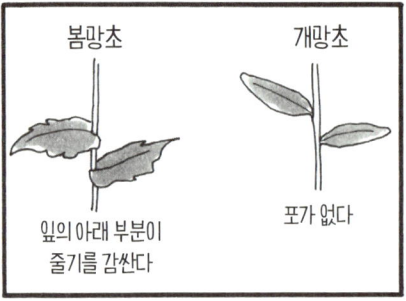

1 꽃잎이 실처럼 가는 봄망초로 잎의 아랫부분이 줄기를 감싸고 있습니다. 2 개망초는 꽃잎이 약간 넓습니다.

봄망초는 국화과의 여러해살이풀로 이름의 유래는 '봄에 피는 망초'입니다. 다이쇼 시대(1912~1926년)에 관상용으로 수입되어 현재는 귀화식물이 되었습니다. 이에 대비되는 개망초는 국화과의 한해살이풀로 꽃 피는 때가 초여름에서 가을로 봄망초보다 키가 큰, 메이지 시대(1868~1912년)에 관상용으로 들어온 귀화식물입니다. 한국에서도 봄에 여기저기에서 많이 볼 수 있습니다. 두 풀 다 제가 어린 시절에는 '거지풀(지역에 따라 이 꽃들을 꺾거나 부러뜨리면 거지가 된다고 한 데서 유래)'로 불렸는데, 의외로 일본에 들어온 게 메이지 시대 이후인 새로운 꽃입니다. 옛날에는 이 꽃들을 꽃집에서 팔았다고 하니 깜짝 놀랄 일이네요. 구분하는 방법은 꽃봉오리의 방향과 잎의 생김새, 꽃의 색깔을 비롯해 여러 가지가 있지만 제일 알기 쉬운 방법은 만화에 그렸듯이 꽃잎의 생김새입니다. 일단 기억해두면 간단하게 구분할 수 있으니 한번 비교해보세요. 망초꽃의 생김새를 보면 가운데는 노른자와 같고, 가장자리는 흰자와 같이 생겼다고 하여 달걀꽃이라고도 부릅니다. 이름과 달리 꽃말은 '화해'라는 좋은 뜻을 가지고 있지요.

1 꽃잎이 5장인 하얀 설상화는 꽃잎의 끝이 셋으로 갈라진 게 많습니다. 줄기는 2개로 갈라지는 걸 반복하면서 자랍니다.
2 잎은 마주나며 줄기와 잎에 털이 나 있습니다.
3 한가운데 노란색을 통상화, 하얀색을 설상화라고 부릅니다.

국화과 별꽃아재비속의 한해살이풀로 일본 여기저기에서 저절로 자라고 있습니다. 도시에서는 거의 일 년 내내 핍니다. 열대 아메리카가 원산지인 열대 식물로 다이쇼 시대(1912~1926년)에 들어온, 의외로 비교적 새로운 들풀입니다. 귀화식물은 더위나 추위에 강하고 꽃도 오래 피며 씨앗도 많이 생겨 폭발적으로 번식하는 종류가 많습니다. 이름의 유래는 만화에서 소개한 것 같이 쓰레기꽃이라는 별명이 있습니다. 밭농사를 하는 사람들에게는 번식력이 왕성한 털별꽃아재비를 잡초라고 생각합니다. 끝부분이 셋으로 갈라진 하얀 설상화가 귀엽지만 참 가여운 이름입니다. 한국에서도 별꽃아재비는 별꽃과 비슷하여 그렇게 부르지만 그리 대접은 못받아 아쉽습니다.

17 질경이 (大葉子/대엽자)

학명: *Plantago asiatica* var. *densiuscula*
질경이과 질경이속

영문명: plantain

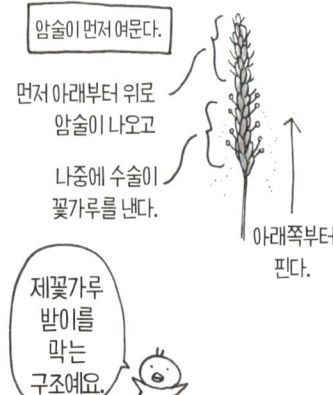

1 열매는 타원형으로 익으면 위쪽의 반 정도가 뚜껑처럼 꽉 열리며 가운데에서 씨앗이 나옵니다. 2 로제트 상태의 잎

질경이과의 여러해살이풀로 꽃은 봄에서 가을까지 핍니다. 일본 이름은 잎이 크기 때문에 '오오바코(大葉子)'라 부르고 중국에서는 '차전초(車前草)'라고 불리고 있습니다. 자세히 관찰해보면 자라는 곳에 특징이 있습니다. 콘크리트나 아스팔트의 틈새 부분에서는 거의 자라지 않고 포장이 안 된 강가의 길이나 빈터, 공원을 비롯한 어느 정도 사람이 다니는 곳에 모여 자라나는데, 씨앗을 옮기기 위한 지혜로 보입니다. 씨앗과 풀은 생약의 재료로 쓰이는데 기침을 멎게 하고 두통에 잘 든다고 합니다. 어린싹은 튀김이나 나물로 먹을 수 있습니다. 어렸을 때 질경이의 꽃대로 질경이 씨름을 했었던 기억이 납니다. 이처럼 먹기도 좋고 놀기도 좋고, 약으로도 쓰니 다재다능한 식물입니다. 한국에서도 질경이는 밟혀서 자라며 번식하고, 질기고 질긴 생명력 때문에 민초의 삶에 비유되어 사용합니다.

18

괭이밥 (酢漿草/초장초)

학명: *Oxalis corniculate var. villosa*

영문명: lady's sorrel, wood sorrel

(부전나비 애벌레의 식탁이랍니다.)

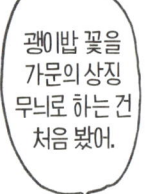

괭이밥 꽃을 가문의 상징 무늬로 하는 건 처음 봤어.

괭이밥

괭이밥 잎으로 거울을 닦으면 마음에 품은 사람이 보인다는데 사실일까?

1 괭이밥은 햇볕이 잘 드는 곳을 좋아하는데, 위로 높이 자라기보다는 옆으로 퍼지면서 자라납니다.
2 씨앗은 사람이나 무언가에 붙어 옮겨집니다. 3 자주괭이밥.

괭이밥과 괭이밥속의 여러해살이풀로 봄에서 가을에 걸쳐 노란색 꽃을 피웁니다. 잎사귀가 붉은빛을 띤 보라색에 분홍 꽃을 피우는 것은 붉은괭이밥입니다. 꽃과 잎이 약간 크고 꽃시장에서 '옥살리스(사랑초)'라는 이름으로 팔리고 있는 것도 괭이밥의 한 종류입니다. 괭이밥과 옥살리스는 야생종도 원예종도 많습니다. 잎은 옥살산을 포함하고 있어 맛이 시다고 들었는데, 조금 먹어보았더니 확실히 시었습니다. 옛날에는 이 산 성분을 사용해 놋쇠 등을 닦았다고 합니다. 괭이밥의 꽃말은 꽃이름과는 달리 '빛나는 마음'입니다.

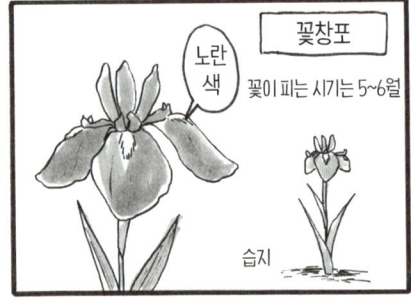
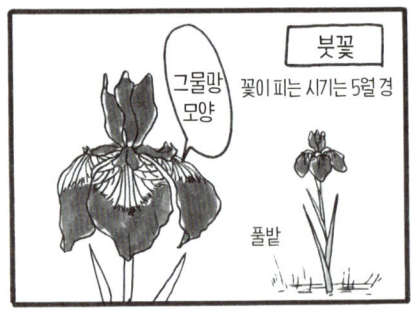
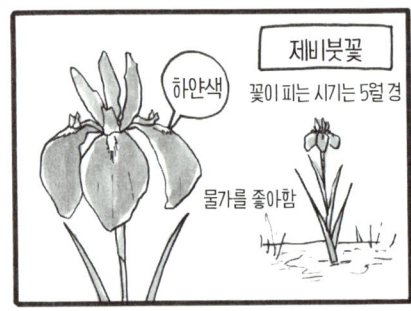

1 붓꽃의 꽃잎은 그물망 모양입니다. 2 꽃창포는 꽃잎에 노란색 삼각형이 있어요.

붓꽃과의 여러해살이풀로 물가나 습지를 좋아하고 이른 봄에 꽃이 핍니다. 야생 꽃창포(학명 Iris ensata var. spontanea)의 원예종으로 에도 시대(1603~1867년)에 재배되었고 품종이 아주 많습니다. 붓꽃과 제비붓꽃의 구분법은 만화를 참조해주세요. 호리키리 창포원(堀切菖蒲園, 도쿄 가쓰시카구에 있음)을 비롯해서 일본 여기저기에 유명한 꽃밭이 많습니다. 목욕탕의 창포탕에 쓰는 잎창포는 창포과의 창포로 붓꽃과의 꽃창포와는 다른 식물입니다. 꽃창포는 초여름에 꽃꽂이용 꽃이나 화분으로 나옵니다. 어린이날에 꾸미려고 꽃창포(일본에서는 어린이날을 상징하는 꽃)를 사러 오는 손님들이 "5월 5일에 피어요?"라고 자주 묻는데, 정확히 그때 피고 피지 않고는 운에 맡겨야 합니다. 그러니 꽃봉오리의 부푼 상태가 다른 것을 여러 개 사기를 추천합니다. 곧 우아한 자태의 꽃창포를 볼 수 있을 겁니다.

1 새싹은 붉은빛이고 습한 곳을 좋아하는데 벚꽃 잎이 떨어질 무렵 쑥쑥 자라납니다. 2 귀여워 보이는 꽃이 핍니다.

삼백초과의 여러해살이풀로 약간 습한 곳을 좋아하지만 여기저기에서 저절로 잘 자랍니다. 의외로 원예종도 있는데, 잎에 아름다운 무늬가 있는 품종도 있고 겹꽃도 있습니다. 풀 전체에서 독특한 냄새가 나서 싫어하는 사람도 있지만 초여름에 피는 꽃은 꽤 귀엽습니다. 꽃잎으로 보이는 게 실은 '포'이고 한가운데 부분이 진짜 꽃입니다. 잎과 뿌리줄기는 먹는 것을 비롯해 다양한 쓰임새가 있는데, 잎은 약모밀차를 만들기도 하고 생약의 재료가 되기도 합니다. 냄새만 나지 않았다면 정말 인기 식물이 되지 않았을까 싶습니다. 언제인가 손님에게 직접 만든 약모밀차를 받은 적이 있는데 뭔가 독특한 맛이었습니다. 시중에 파는 차는 다른 찻잎이 섞여 있어 마시기 편한 것도 많으니 기회가 된다면 한번 마셔보세요. 어성초는 아토피에 좋다는 효능으로 유명세를 탔고 비누, 스킨, 로션 등 목욕용품이나 화장품의 원료로도 많이 사용되고 있어요.

21 초롱꽃 (螢袋/형대)

학명
Campanula punctata var. *punctate*
초롱꽃과 초롱꽃속

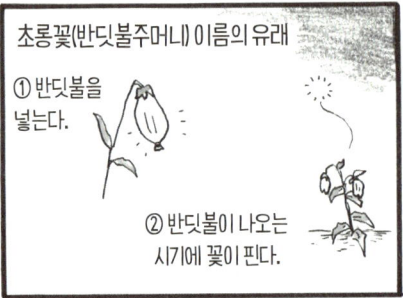

초롱꽃과 자주초롱꽃의 구분법

초롱꽃

여기가 되고 젖혀 있다.

자주초롱꽃

부풀어 올라 있다.

하나후쿠 메모

화분에 심은 초롱꽃은 초봄에서 여름 무렵에 나옵니다.

겹꽃도 있어요.

1 초롱꽃은 꽃받침과 꽃받침 사이의 부분이 위로 젖혀 있습니다. 2 자주초롱꽃의 꽃받침은 젖혀 있지 않습니다.
3 옅은 보라색의 자주초롱꽃은 시원한 느낌을 줍니다.

초롱꽃과의 여러해살이풀로 산과 들뿐만 아니라 도시의 여기저기에서 저절로 자라납니다. 의외로 튼튼해서 콘크리트의 틈새에서도 해마다 싹을 틔웁니다. 80cm 정도까지 자라고 초여름에 꽃을 피우는데 짙은 보라색, 옅은 보라색, 흰색을 비롯해 꽃의 색이 다양합니다. 이름의 유래에 대해서는 이미 설명했듯이 어느 쪽이 맞는지 확실히 알 수 없습니다. 화분에 심은 초롱꽃은 주로 초여름이 되면 꽃시장에 나오는데, 야생화를 좋아하는 분들에게 인기가 많습니다. 꽃집에 두면 꿀을 노리고 개미가 올라온답니다.

22 닭의장풀 (露草 / 로초)

학명: *Commelina communis* 닭의장풀과 닭의장풀속

영명: dayflower

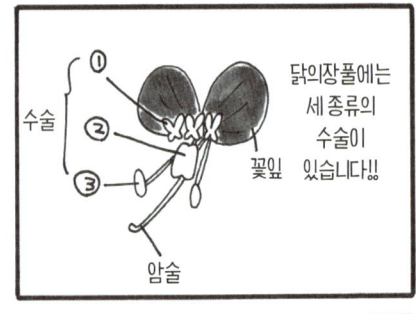

여름 아침의 닭의장풀. 사진에서 보이는 세 종류의 수술로 곤충을 끌어들입니다.

닭의장풀과의 한해살이풀로 약한 습한 곳을 좋아하지만 여기저기에서 잘 자라고 있는 들풀입니다. 50cm 정도 자라는데 봄에 싹을 내고 여름날 이른 아침에 낯익은 파란 꽃을 피웁니다. 일일화(一日花, 아침에 꽃을 피웠다가 오후에 시드는 꽃)라서 오후에 시들지만 날씨가 좋지 않은 날에는 저녁까지도 피어 있기에 오래 피어 있으면 왠지 이득을 본 기분이 듭니다. 만화에도 그렸듯이 꽤 복잡한 구조로 곤충들을 끌어들이고 있는데, 이 구조가 꽃이 시들 때는 제꽃가루받이도 할 수 있을 만큼 공을 들인 것이라는 사실에 깜짝 놀랐습니다. 옛날에 꽃의 푸른 색소는 염료로 쓰여서 한지와 천을 물들이거나 염색할 곳의 초벌칠에 사용했습니다. 또한 어린싹은 튀김이나 볶음, 나물, 국물을 낼 때 썼습니다. 생약의 재료로 땀띠, 피부병, 해열, 설사를 멈추는 데도 효과가 있었다고 합니다. 먼 옛날에는 '달풀(月草)'이라고 불린 '닭의장풀'을 『만엽집』(일본에서 가장 오래된 시가집)에서는 '아침에 피었다가 저녁에 시드는 달풀의 스러지는 사랑이라도 나는 해볼 수 있을까?'(작자 미상)라고 읊고 있습니다.

23 쇠비름 (滑莧/활현)

학명 *Portulaca oleracea*
쇠비름과 쇠비름속

영명 purslane

쇠비름의 뿌리를 문지르면 빨갛게 변해.
정말이네!

쇠비름

쇠비름과 같은 종류인 꽃쇠비름 (포츄라카).
여름에 빠질 수 없지요.

쇠비름을 먹어 보았어요.
미끌미끌하고 약간 시큼해.

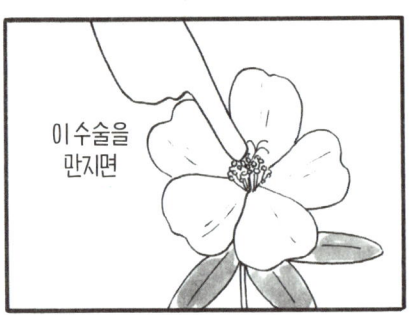
이 수술을 만지면

쇠비름과 같은 종류

꽃쇠비름
채송화

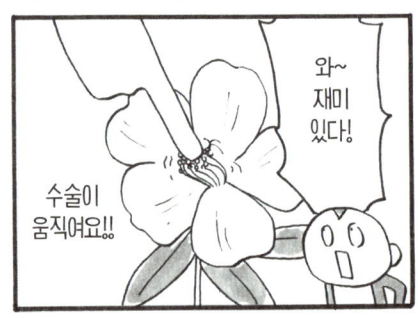
와~ 재미있다!
수술이 움직여요!!

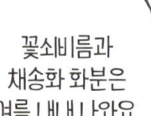
꽃쇠비름과 채송화 화분은 여름 내내 나와요.
싹을 잘라 꽂아도 잘 자라지요.

다육식물의 성질을 가진 쇠비름은 건조한 환경에 매우 강한데 땅을 기듯이 퍼져갑니다.

쇠비름과의 한해살이풀로 여름부터 가을까지 노란색의 작은 꽃을 계속 피웁니다. 여기저기에서 잘 자라는 식물로 콘크리트나 아스팔트의 틈새에서도 땅을 기듯이 자라나는 매우 강한 성질의 소유자입니다. 잎은 두껍고 줄기는 빨간색이며 만화에서처럼 하얀 뿌리를 문지르면 빨갛게 됩니다. 재미있으니 시험해보세요. 꽃쇠비름(태양화)은 쇠비름의 원예종으로 잎과 줄기의 느낌이 비슷합니다. 먹을 수 있는 들풀이라 시험 삼아 살짝 익혀 먹어보았더니 시큼하고 미끌미끌했습니다. 비타민, 미네랄, 오메가3지방산을 많이 함유한 영양 만점의 들풀이라 일부 지역에서는 흔한 식재료로 쓰인다고도 하네요. 한 유명 요리 조리법 사이트를 봤더니 나물, 겨자 무침, 샐러드, 스파게티를 비롯해 쇠비름 조리법이 많이 있었습니다. 한번 만들어볼까요?! '뽑기 힘든 풀'이라는 이미지가 있지만 이렇게 여러 가지를 알고 나니 왠지 애착이 솟아납니다.

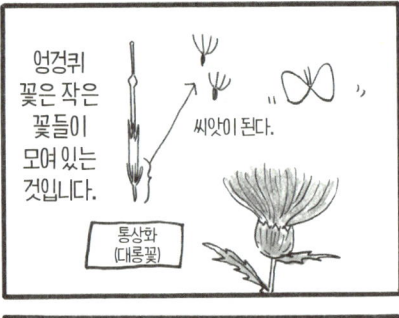

1 따뜻한 지역의 바닷가에 자생하는 해변엉겅퀴(하마아자미, Cirsium maritimum Makino)로 굵은 뿌리가 식용으로 쓰여 별명은 '해변우엉'입니다. 2 뾰족뾰족한 서양가시엉겅퀴의 꽃과 씨앗입니다.

국화과 엉겅퀴속의 여러해살이풀로 도시의 길가에서부터 산의 들판까지 어디에서든 자랍니다. 원예종을 포함해 종류도 풍부합니다. 봄에 피는 것은 '좁은잎엉겅퀴'이고 그 외의 종류는 여름에서 가을 사이에 많이 핍니다. 잎에 가시가 있는 게 특징인데, 잎뿐만 아니라 줄기에 가시가 있는 종류도 있습니다. 주변에서 가장 흔히 볼 수 있는 종류는 외래종인 '서양가시엉겅퀴'인데, 전체적으로 뾰족뾰족한 가시가 나 있습니다. 만지면 아파서 없애기 힘들다 보니 급속히 번지고 있습니다. 민들레처럼 갓털에 붙은 씨앗이 생기는데, 잡으면 행복하게 된다고 하는 '케사랑파사랑(일본의 옛이야기에 전해 내려오는 상상의 동물로 엉겅퀴 씨앗과 비슷하게 생김)'이 이 서양가시엉겅퀴의 씨앗 아닐까요? 매우 닮았으니 여러분도 꼭 한번 비교해보세요.

25 백합(百合)

학명 *Lilium*
속명은 백합속

영명 lily

백합은 꽃 깊숙이에 꿀이 있기 때문에
밀표
나비나 나방에 어울리는 꽃입니다.

바깥쪽 3장은 꽃받침인 색깔 있는 '외화피'
꽃봉오리
외화피가 꽃잎을 감싸고 있어요.
안쪽 3장은 꽃잎(내화피)

수술의 꽃밥이 흔들거리는 것은

꽃집의 백합
알뿌리
싹이 난 모종(봄)
화분(초여름)

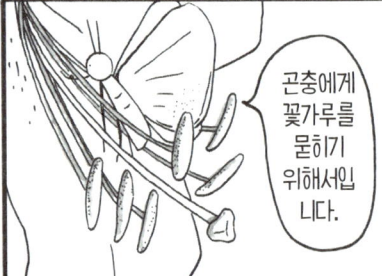

곤충에게 꽃가루를 묻히기 위해서입니다.

꽃꽂이용 꽃(일 년 내내)

오리엔탈 계통 백합 (카사블랑카 등)

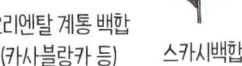
스카시백합

호랑나비는 빨간색 꽃을 좋아하는구나.
응, 눈에 잘 띄잖아.

나팔나리

LA백합

1 꽃잎이 뒤집혀 아래를 보며 피어난 참나리(Lilium lancifolium)는 잎이 붙어 있는 곳에 눈이 생깁니다.
2 하늘나리(Lilium concolor)는 위를 향해 핍니다.
3 반점이 눈을 끄는 산나리(Lilium auratum)입니다.

백합과의 여러해살이풀로 이곳저곳에서 저절로 자라나는 것과 원예종을 포함해서 종류가 매우 많습니다. 알뿌리와 씨앗으로 번식하지만 참나리처럼 눈을 만드는 것도 있습니다. 자연에서 저절로 자라는 백합은 대개 초여름에서 가을에 걸쳐 꽃을 피우지만, 원예종의 꽃꽂이용 꽃은 일 년 내내 꽃시장에 나옵니다. 화려하고 보관하기 좋아 매우 인기가 많습니다. 꽃꽂이용 꽃의 품종은 대략 나누면 '오리엔탈 계통' '스카시백합 계통' '나팔나리 계통' 'LA백합 계통'이 있습니다. 'LA백합'이란 나팔나리(longiflorum hybrid)와 스카시백합 계통(Asiantic hybrid)의 교배종으로 최근에 인기가 높아지고 있습니다. 꽃가루가 손에 묻으면 비누로 간단히 닦아낼 수 있으니 안심하셔도 됩니다.

26 거지덩굴(薮枯/수고)

학명 | *Cayratia japonica*
포도과 거지덩굴속

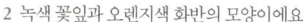

1 볕이 잘 드는 곳을 좋아해 키가 작은 나무를 가리거나 덤불을 덮으며 위로 뻗어갑니다.
2 녹색 꽃잎과 오렌지색 화반의 모양이에요.

포도과의 덩굴성 여러해살이풀로 봄에 싹을 낸 후 다른 식물을 감아 시들게 할 정도로 힘차게 쑥쑥 자라납니다. 덩굴성 식물은 다른 식물에 기대어 살기 때문에 굵은 줄기를 만들 필요가 없는 대신 빨리 자랄 수 있습니다. 왠지 효율적이네요! 여름에 풀을 벨 때는 힘들게 하지만 여름부터 가을에 걸쳐 작고 귀여운 꽃을 피워 눈을 즐겁게 합니다. 꽃의 꿀은 곤충들에게 인기가 좋아 나비와 벌, 풍뎅이, 개미를 비롯해 다양한 곤충이 찾아옵니다. 그 모습을 관찰하는 것도 재미있습니다. 관찰할 때 땅벌과 꼬마쌍살벌은 조심하세요. 근처에 거지덩굴만 남겨놓고 풀을 베는 집을 발견한 적도 있습니다(이것도 참 신하네요!). 역시 귀여운 이 꽃에 마음을 빼앗긴 게 아닐까요?

1 노란색 꽃이삭의 털이 금빛으로 보이는 '금강아지풀'입니다. 2 강아지풀의 털은 황록색이에요.

벼과의 한해살이풀로 전국 어디에서나 자랍니다. 키는 40~70cm 정도로 자라고 여름에 5cm 정도의 꽃이삭, 즉 '강아지풀'이 달립니다. 조의 원종(原種)으로 기근이 들었을 때는 먹기도 했다는데, 낱알이 작아 모으는 게 힘들었을 테지요. 꽃이삭이 아래를 보고 늘어져 있는 것은 '가을강아지풀'인데, 강아지풀의 꽃이삭이나 키가 약간 더 큰 것 같습니다. 꽃이삭이 붉은빛의 보라색이면 '자주강아지풀'이고 꽃이삭이 작은 건 '갯강아지풀' 등 종류가 매우 많습니다. 꽃가게에서는 강아지풀과 비슷한 빨간 꽃이삭을 달고 있는 여러해살이풀을 팔고 있는데, 이는 '여우 꼬리(일본어로는 '고양이 꼬리')'로 비슷하지만 다른 종류의 식물입니다. 우리말로 '강아지 꼬리'를 뜻하는 '강아지풀'을 영어로는 'foxtail grass'라고 부르는데, 우리도 '고양이 꼬리'를 '여우 꼬리'라고 부르니 나라마다 비교하는 재미도 있군요.

28 바랭이 (雌日芝/자일지)

학명 *Digitaria ciliaris*
벼과 바랭이속

영명 crabgrass

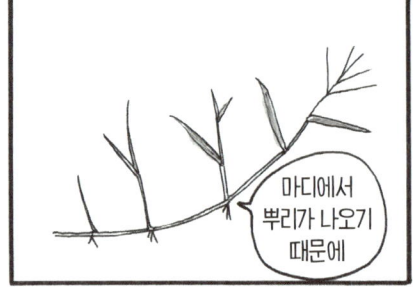

줄기 끝에 우산살 모양으로 가느다란 꽃이삭이 달리고 잎의 뒷면과 엽초(잎싸개)에 털이 많습니다.

벼과의 한해살이풀로 이곳저곳에서 잘 자라납니다. 강아지풀과 함께 여름을 대표하는 들풀입니다. 여름부터 가을에 걸쳐 가는 꽃이삭을 답니다. 마디마다 뿌리를 내어 땅을 따라 넓게 옆으로 퍼져나가 순식간에 바랭이 밭으로 만들기 때문에 풀을 뽑을 때 매우 곤란합니다. 또한 고온과 건조, 그리고 강한 빛에 매우 강하다고 알려진 C4의 광합성을 하는 식물인 데다가 다른 식물이 자라는 걸 억누르는 '알렐로파시(allelopathy)'라는 물질을 내는 등 엄청나게 왕성한 번식력을 갖고 있습니다. 바랭이와 비슷한 종류로 꽃이삭이 가느다란 '민바랭이(Digitaria violascens)'와 전체적으로 약간 작은 '좀바랭이(Digitaria timorensis)'가 있습니다. 웬일인지 우리 집 고양이는 바랭이를 매우 좋아해서 여름마다 곧잘 먹습니다. 고양이 풀(고양이가 좋아하고 먹을 수 있는 풀의 총칭으로 주로 키 작은 벼과 풀을 말함)보다도 좋아합니다. 다른 벼과 식물인 강아지풀과 왕바랭이 피 따위는 먹지 않고요. 그렇게 맛이 다를까요? 아무튼 그런 이유로 우리 집 화분에는 고양이를 위해 늘 바랭이가 자란 채로 있습니다.

29 양미역취 (背高泡立草 / 배고포립초)

학명
Solidago altissima
국화과 미역취속

영문명
goldenrod, tail goldenrod

1 꽃이 별로 없는 늦가을에 눈에 띄는 노란색 꽃을 피워 꿀을 찾는 곤충들을 많이 불러들입니다.
2 통상화(대롱꽃)의 주변에 설상화(혀꽃)가 붙어 있습니다. 3 겨울에 시든 모습입니다.

국화과의 여러해살이풀로 사람의 키보다 더 높게 자라며 노란색 꽃을 피웁니다. 꽃이 진 후에는 민들레처럼 갓털이 생기는데 역시 바람에 날려 멀리 퍼집니다. 놀랍게도 19세기 중반에 관상용으로 일본에 들어왔다가 시간이 흐른 뒤 야생화처럼 되어 폭발적으로 퍼진 귀화식물이라고 합니다. 그래서인지 꽃가게 앞에 줄지어 서 있는 모습이 상상되지 않네요. 한국에도 귀화식물로 순천 등 남부지방에 퍼져 있습니다.

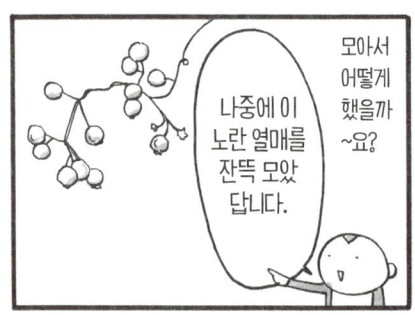

1 덩굴성이며 잎은 마주나기로 나는데 그 생김새가 하트 모양, 달걀 모양, 때로는 가느다란 모양 등 다양하게 있습니다.
2 만지지 않으면 냄새는 나지 않아요.

꼭두서니과의 덩굴성 여러해살이풀로 이곳저곳에서 저절로 자라납니다. 여름부터 가을에 걸쳐 흰 바탕에 가운데 부분이 빨간 귀여운 꽃을 피웁니다. 꽃의 한가운데 빨간 부분이 '뜸 자국' 같아 '뜸꽃'이라는 별명이 생기기도 했습니다. 그건 그렇다 치고 왠지 불쌍한 이름이지 않나요? 잎과 줄기에서 좋지 않은 냄새가 나서 그렇다고 하는데, 만지지 않으면 냄새는 나지 않습니다. 저는 어린 시절에 아주 많이 만졌지만 특별히 좋지 않은 냄새를 맡은 기억은 없어요. 개인차일까요? 『만엽집』에서 읊었듯이 꽤 오래전부터 냄새가 좋지 않다고 알려져 있었나 봅니다. 흔히 특별할 것 없는 듯이 보이는 경치가 이렇게 오래된 풀과 양미역취처럼 새로운 풀꽃이 섞여서 만들어진다고 생각하면 왠지 무언가 달라 보입니다.

산과 들에서 자라는 풀

(가을, 겨울)

기다란 수술과 암술, 선명하고 강렬한 빨간색이 눈을 끕니다.

수선화과의 여러해살이풀로 별명은 '만주사카(曼珠沙華/manjusaka, 산스크리트어로 불교의 전설에 나오는 하늘의 꽃을 뜻하는데, 새하얀 꽃을 보는 사람은 악업이 씻긴다고 한다)'입니다. 가을 피안(추분 전후 3일의 정도의 일주일) 무렵에 꽃을 피우기 때문에 '피안화'라고도 부릅니다. 꽃이 진 다음 잎이 나와 겨우내 무성하게 있다가 봄이 되면 땅 윗부분은 시들어버립니다. 그다지 알려지지 않은 사실인데, 석산은 염색체의 문제로 씨앗을 만들 수 없어 알뿌리로 번식합니다. 그러므로 석산이 피어 있는 곳은 누군가가 심었거나 혹은 옮겨진 흙 속에 알뿌리가 섞여 있었다는 뜻이 됩니다. 교배로는 번식을 못 해서 모두 같은 유전자를 가진 '클론(clone) 식물(영양번식을 하는 식물)'입니다. 따라서 대개 크기도 같고 꽃이 피는 시기도 같으며 성질도 비슷합니다. 알뿌리에서 전분을 얻을 수 있기 때문에 옛날에는 구황식물로 키웠지만 알뿌리에 독도 있기 때문에 독을 빼내는 작업이 매우 힘들었을 것 같습니다. 대개 피안 때보다 빨리 피지만 2012년쯤에는 9월 하순에 꽃이 핀 적이 있어 꽤 늦었다는 생각을 했던 적이 있었습니다. 올해는 어떨까요?

32 싸리 (萩/추)

학명: *Lespedeza* 콩과·싸리속

영문명: bush clover

싸리도 '콩과'의 '접형화관' 이에요.

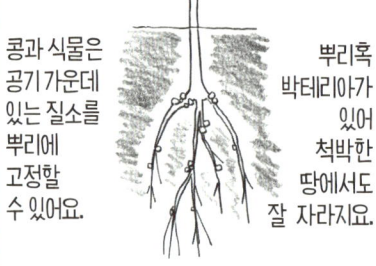

콩과 식물은 공기 가운데 있는 질소를 뿌리에 고정할 수 있어요.

뿌리혹 박테리아가 있어 척박한 땅에서도 잘 자라지요.

꽃시장에도 여러 가지 품종이 나와 있답니다.

산싸리
풀싸리
털싸리

전에는 참싸리도 꽃집에 있었어요.

맞아, 그랬지.

와~ 싸리는 품종도 참 많네.

싸리는 쓰는 법도 가지가지

차 마시는 방의 천장

울타리

화투의 7월

싸리 그림을 비롯해 공예품의 무늬

추석날의 억새와 싸리

혼슈(本州, 일본 열도의 가장 큰 섬) 이남에 넓게 퍼져 저절로 자라는 'Lespedeza homoloba'로 기판의 뒷면과 용골판이 하얀 것이 특징입니다.

콩과 싸리속 갈잎작은키나무의 총칭으로 가을을 대표하는 일곱 풀 가운데 하나입니다. 산싸리, 풀싸리, 참싸리를 비롯해 종류가 아주 많습니다. 이곳저곳에서 저절로 자라고 있으며 여름의 끝 무렵부터 가을에 걸쳐 꽃이 핍니다. 옛날부터 인기가 많은 꽃으로 『만엽집』에는 싸리를 읊은 노래가 141수나 된다고 합니다. 풀과 나무 가운데 가장 많이 나오는 셈이지요. 작은키나무로 인기가 많아 정원이나 공원에도 많이 심습니다. 쓸모도 다양해서 옷이나 허리띠에 무늬로 들어가거나 식기를 비롯해 도자기류, 공예품에도 싸리의 무늬가 인기 있습니다. 참, 이 원고를 쓰고 있는 지금 베란다의 화분에서 싸리가 자라고 있습니다. 누가 어디에서 가져온 것일까요? 어떤 싸리의 꽃이 필지 기다려집니다. 덧붙여 싸리는 야마구치현(山口県)의 하기 시(萩市)의 상징 꽃 가운데 하나인데, 싸리가 무성한 산이 있는 게 지명의 유래가 되었다고 합니다. 예전에 부모님들이 쓰시던 비가 바로 이 싸리로 만든 것이지요.

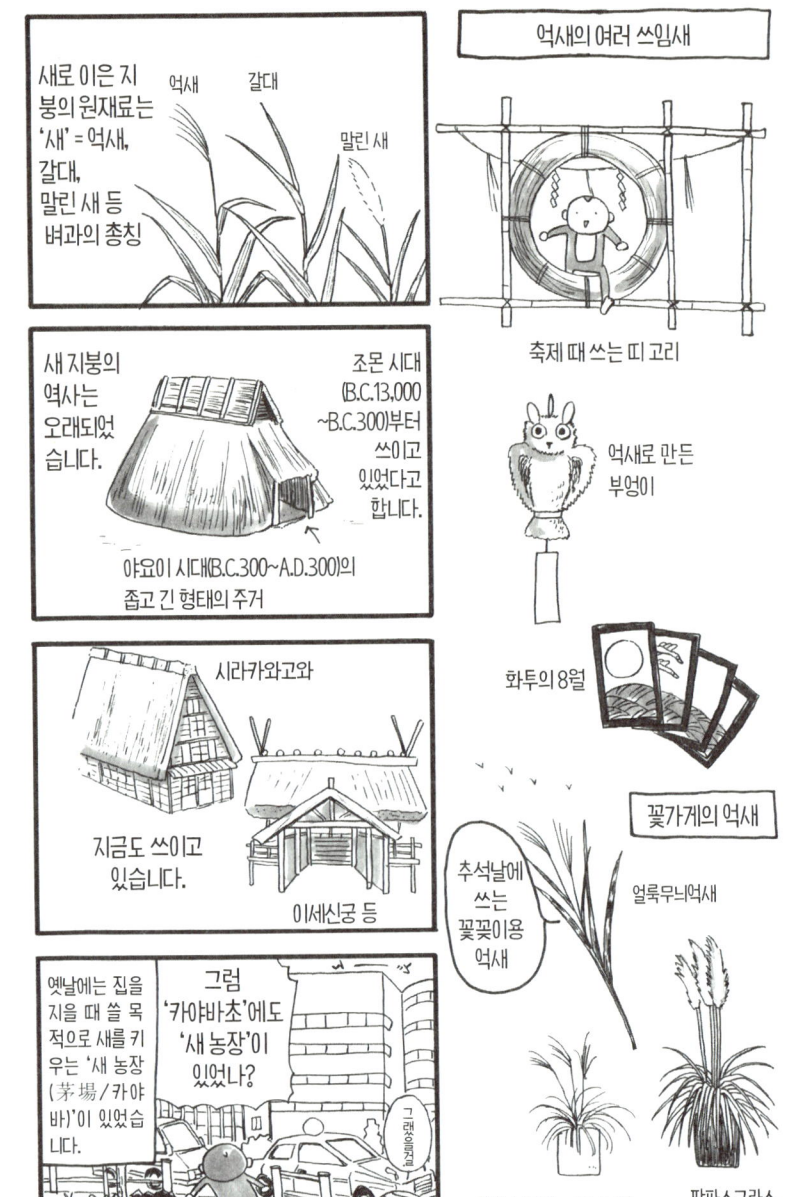

1 여름에서 가을에 걸쳐 줄기의 끝부분이 10개 정도로 갈라져 꽃이삭을 맺습니다. 2 빨간 꽃이삭도 있습니다.

벼과의 여러해살이풀로 이곳저곳에서 저절로 자라고 있습니다. 강가나 산과 들에 잘 모여 자라는 걸 볼 수도 있고 도시에도 빈 땅이나 빈집, 묘지 등에서 많이 자라고 있는 모습을 곧잘 볼 수 있습니다. 봄에 싹이 나고 여름부터 가을에 걸쳐서 꽃이삭을 맺으며 키는 2m 정도 됩니다. 가을을 대표하는 일곱 풀 가운데 하나로 억새라고 하면 달구경할 때 빠질 수 없는 꽃 재료입니다. 지금은 제가 꽃가게에서 팔고 있는 처지이지만 어릴 때는 강가로 따라갔던 기억이 있습니다. 최근에는 꽃이삭이 억새보다 크고 탐스러운 서양억새(팜파스그라스)도 인기입니다. 가을이면 꽃꽂이용이나 화분으로 다양한 품종이 나옵니다. 억새도 팜파스그라스도 땅에 심으면 사방으로 넓게 퍼지니 심기 전에 미리 심을 곳에 신경을 써야 합니다. 억새가 만발하게 피어있는 풍경은 한 폭의 그림같이 아름답지요.

34

야고 (南蠻煙管/남만연관)

학명 | **Aeginetia indica**
열당과 야고속

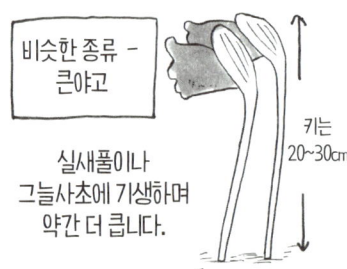

1 꽃받침에 둘러싸인 야고의 꽃은 동그란 모양으로 끝이 다섯 갈래로 나뉘어 있습니다.
2 억새의 줄기는 아래쪽에서 자랍니다.
3 꽃의 모양이 파이프와 비슷합니다.

한 해를 사는 기생식물로 억새, 양하, 사탕수수 등 다른 식물에 기생해서 살아갑니다. 여름부터 가을에 걸쳐서 담뱃대 같은 꽃을 피웁니다. 한국에서는 제주도 한라산 남쪽의 억새 밭에서 볼 수 있습니다. 『만엽집』에서는 '생각풀'로 불리었는데, 나중에 서양의 담배와 담뱃대가 들어오고 난 후에는 지금의 이름으로 불리게 된 것 같습니다. 식물도감에는 '저절로 나서 자라는 식물'로 나와 있지만, 현재 저절로 자라는 수는 매우 적습니다(저는 거의 본 적이 없네요). 식물원 등에서는 씨앗을 뿌려 재배하고 있다고 합니다. 우키요에(浮世絵, 일본의 무로마치시대부터 에도시대 말기에 시민들의 모습을 담아 제작된 목판화)에 대단히 많이 그려진 걸 보면 옛날에는 저절로 나서 자라는 걸 자주 볼 수 있었던 것 같습니다. 저는 길을 걷다 근처에서 억새를 보면 야고를 찾아보지만 한 번도 본 적이 없습니다. 언젠가 만날 수 있으면 좋겠습니다.

1 꽃은 꽃차례의 아래쪽부터 차례로 피는데, 기변(꽃잎 가운데 하나)의 가운데 있는 밀표와 향기로 곤충들을 부릅니다. 2 벽면을 완전히 매운 칡의 모습입니다. 3 꽃차례는 잎겨드랑이(가지와 잎이 붙어 있는 사이의 겨드랑이)에서 나와 위를 향해 핍니다. 4 칡의 잎과 짧은 덩굴의 모습입니다.

콩과의 덩굴성 여러해살이풀로 가을을 대표하는 일곱 풀 가운데 하나입니다. 강가나 빈 땅 등 어디에서든 잘 자랍니다. 일본에서 미국으로 건너간 칡은 귀화식물이 되었는데, 엄청난 번식력 때문에 없애야 하는 대상이 되어 어느 식물원에서도 '가을의 일곱 풀 코너'에 심지 않고 있습니다. 예로부터 사람들의 삶에 늘 함께했던 풀답게 뿌리의 전분은 가루로 만들어 떡이나 차로 만들고 건조한 뿌리는 갈근탕의 원료가 됩니다. 덩굴은 바구니나 띠로, 줄기의 섬유는 천으로 쓰는 등 그 쓰임새가 많습니다. 꽃은 향기가 좋아 많은 곤충이 찾아옵니다. 잎도 바구미나 노린재에게 인기가 좋습니다. 한국에서도 칡은 오래전부터 식용되었고 자양강장제 등 건강식품으로 많이 이용됩니다.

1 술패랭이꽃의 꽃잎은 끝이 실처럼 가늘게 갈라져 있고 줄기는 호리호리하고 가련한 느낌입니다.
2 이세패랭이꽃(이세나데시코/Dianthus X isensis)입니다.

석죽과의 여러해살이풀로 가을의 일곱 가지 풀 가운데 하나입니다. 자생종, 원예종을 합해서 품종이 아주 많습니다. 단순히 '패랭이꽃'이라고 하면 '술패랭이꽃(별명은 요조숙녀 패랭이꽃)'을 가리키는 경우가 많습니다. 덧붙여 석죽과 패랭이꽃속(잎이 대나무 잎의 마디를 닮은 품종)인 석죽의 별명은 '당패랭이꽃(원산지가 중국이라 앞에 '당'이 붙음)'입니다. 패랭이꽃은 사계절 피는 종류도 많고 화분도 거의 일 년 내내 꽃시장에 나옵니다. 꽃꽂이용 꽃은 봄에 많습니다. 싹을 꽂아도 잘 자라므로 번식이 쉽고 햇볕이 잘 드는 곳에 있으면 꽃이 잘 핍니다. 가끔 액상 비료를 주면 꽃이 많이 달립니다. 카네이션도 패랭이꽃의 한 종류로 일 년 내내 나오지만, 카네이션 화분은 어버이날 무렵에만 나오니 원하는 분은 잘 기억해두세요. 패랭이꽃은 암수술이 꽃잎 속에 숨어 있어 '정절'이라는 꽃말을 가지고 있습니다.

37

마타리 (女郎花/여랑화)

마타리과 마타리속
Patrinia scabiosifolia

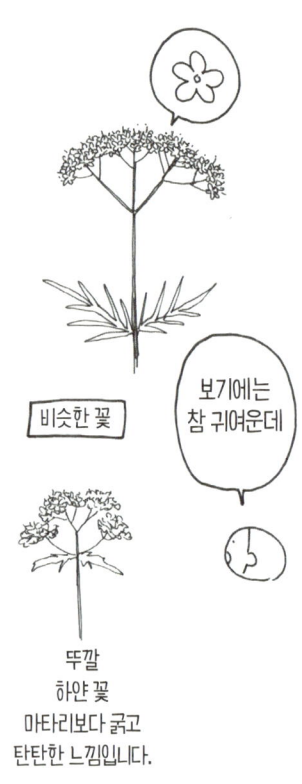

비슷한 꽃

뚜깔
하얀 꽃
마타리보다 굵고
탄탄한 느낌입니다.

하나후쿠 메모

마타리의 학명
Patrinia scabiosifolia

'체꽃속 같은 잎'의 뜻

1 마타리는 뚜깔과 비교하면 잎의 가장자리가 들쭉날쭉하고 줄기는 가는 섬유 같은 느낌이 듭니다.
2 뚜깔의 꽃은 하얀색뿐입니다.

마타리과의 여러해살이풀로 가을의 일곱 가지 풀 가운데 하나입니다. 별명은 '좁쌀꽃'으로 햇볕이 잘 드는 산과 들 여기저기에서 저절로 나고 자라는데 여름부터 가을에 걸쳐서 노란색의 작은 꽃이 핍니다. 말린 뿌리는 생약의 원료로 사용하지요. 이름의 유래에는 여러 설이 있는데, 일본 이름 '오미나에시' 가운데 '오미나'는 '여자'를, '에시'는 '누르다'라는 뜻으로 "미녀를 압도하는 아름다움을 가졌다"라는 뜻도 있고 '좁쌀꽃'이란 별명은 꽃이 좁쌀밥과 비슷해 붙여졌다고도 합니다. 음력 7월에는 '여랑화월(女郎花月)'이라는 별명으로도 불린답니다. 이렇게 가을에 어울리고 가련한 꽃임에도 마타리는 독특한 냄새가 있습니다. 바깥에서 자라는 것은 코를 가까이 대고 냄새를 맡지 않으면 모를 정도이지만, 꽃꽂이로 꾸밀 때는 조심하세요. 뿌리에서 장 썩은 냄새가 난다고 하여 '패장'이라는 이름을 가지고 있어요. 화분은 여름부터 가을에 걸쳐서, 꽃꽂이용 꽃은 주로 가을에 나옵니다.

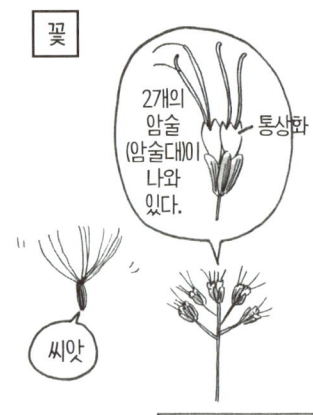
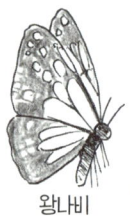

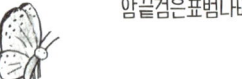

1 5개의 통상화(대롱꽃)가 모여 두상화(꽃대 끝에 많은 꽃이 붙어 머리 모양을 이룬 꽃)를 만들고 있는데, 실처럼 보이는 것은 암술입니다. 2 가까이 다가가면 좋은 향기가 납니다.

국화과의 여러해살이풀로 가을의 일곱 풀 가운데 하나입니다. 키는 1~2m 정도 자라고 봄에 싹을 내어 여름이 끝나갈 무렵부터 가을에 걸쳐 꽃을 피우고 겨울에는 땅 윗부분이 시들어버립니다. 씨앗은 민들레처럼 갓털이 있어 바람에 날려 넓게 퍼집니다. 간토(関東) 지방의 서쪽에서 저절로 나고 자라지만 현재는 자랄 수 있는 곳이 얼마 안 남은 탓에 '준멸종위기종'으로 지정되었습니다. 그대로 말린 잎은 '벚나무 떡(밀가루를 반죽한 후 얇게 밀어 팥소를 넣고 벚나무잎으로 싸서 찐 떡)'처럼 향기가 나기 때문에 중국에서는 '난초' '향수란'이라고 불립니다. 꽃가게에서 취급하는 원예종(같은 속의 다른 종끼리의 잡종) 대부분은 말리지 않아도 벚나무 떡처럼 좋은 향기가 살짝 납니다. 나비나 등에가 좋아하는 꽃이라 꽃가게 앞에 놓으면 금세 나비가 찾아옵니다. 화분은 여름에서 가을에 걸쳐서 나옵니다.

39 도라지꽃 (桔梗/길경)

학명: Platycodon grandiflorus
초롱꽃과 도라지꽃속

영문명: balloon flower, Chinese bellflower

[1컷] 종형화관
도라지꽃은 제꽃가루받이를 막기 위해 수술이 먼저 자라납니다.

[2컷] 암술 주변에 꽃가루를 묻히면서 수술은 퍼져나갑니다.

[3컷] 암술머리가 열리면서 가루받이를 준비합니다. 어서와~

[4컷] 드디어 씨앗이 생깁니다. 늘 꽃을 따버려서 씨앗을 본 적이 없어. 이번에는 씨앗을 만들어 볼까?

하나후쿠 메모

자르면 하얀 액이 나오니까 잘 씻은 다음 꽂아야 해.

꽃꽂이는 초여름만 할 수 있으니 놓치지 않도록.

화분은 초여름에서 가을에.

도라지꽃 이모저모

설날에 마시는 '도소주'라는 술에 들어있어요.

'도라지꽃' 이름이 붙은 지명

- 키쿄즈카 / 이바라키현 / 토리데 시의 마을
- 키쿄가하라 / 나가노현 시오지리 시의 마을

도라지꽃 문양
아케치 미쓰히데 집안의 문양

1 꽃이 피기 시작할 때쯤에는 수술이 암술머리에 붙어 있습니다. 2 둥글게 부풀어 올라 귀여운 꽃봉오리의 모습입니다.

초롱꽃과의 여러해살이풀로 가을의 일곱 풀 가운데 하나입니다. 키는 1m 정도 자라고 봄에 싹을 내어 여름에서 가을에 걸쳐 별 모양의 꽃이 핍니다. 추워지면 땅 윗부분이 시든 채로 겨울을 보내고 봄에 다시 싹을 냅니다. 산과 들 여기저기에서 저절로 나고 자라지만 현재 점점 줄어들고 있습니다. 하양과 분홍 꽃, 겹꽃을 비롯해 원예종이 매우 다양합니다. 한번 심어두면 그다지 손이 가지 않고 해마다 즐길 수 있습니다. 줄기를 자르면 하얀 액이 나오니 꽃꽂이를 한다면 잘 씻은 다음에 꽂아주세요. 화분은 봄에서 가을에 걸쳐서 나옵니다만, 꽃꽂이용 꽃은 이른 여름에 잠깐 나오므로 놓치지 마세요. 도라지꽃의 뿌리는 생약과 한약에도 쓰이고 있습니다. 한국·일본·중국 등지에 분포되어 있어요. 기관지에 좋은 도라지는 한국에서 다양하게 사용됩니다.

40 뻐꾹나리 (杜鵑草/두견초)

학명: *Tricyrtis hirta* 백합과 뻐꾹나리속

영명: toadlily, Japanese toadlily

뻐꾹나리는 생김새가 신기해요.
수술 / 암술대 / 꽃받침 / 꽃잎
꽃받침이 꽃잎을 감싸고 있는 게 '백합과'와 똑같아. (그러니까 백합과)

이것도 수술이 먼저 익는 형태.
꿀을 빨아먹으러 오는 곤충에 꽃가루가 붙고

며칠 후 자성기에 암술대가 아래로 내려간다.
터진다 / 씨앗

우리 집 뻐꾹나리는 작년에 연말까지 피어 있었어요.
따뜻해~

뻐꾹나리
← 가슴의 무늬와 비슷해서 '두견초'

우리집 베란다 3층에서 씨앗이 날아가 1층에서 자라고 있어요.
터져 날아간 씨앗으로 번식하는구나.

하나후쿠 메모

꽃꽂이용 꽃은 가을뿐.
화분은 여름에서 가을까지 나옵니다.
노랑과 하얀 꽃도 있어요.

1 Tricyrtis affinis(야마지노호토토기스) 2 Tricyrtis macranthopsis(키이조우로우호토토기스) 3 뻐꾹나리
4 Tricyrtis perfoliata (키바나노츠키누키호토토기스)

일본이 원산지인 여러해살이풀로 키는 30~80cm 정도 자랍니다. 산과 들, 숲, 언덕 등의 그늘지고 약간 습한 곳을 좋아합니다. 겨울에는 땅 윗부분이 시들어버리지만 봄에 싹을 내고 가을에 독특하게 생긴 꽃을 차례로 피웁니다. 여름에는 눈에 띄지 않지만, 꽃이 피기 시작하면 사람들의 눈을 끄는 꽃입니다. 꽃 색깔은 분홍빛 반점이 있는 꽃과 하얀 꽃 등이 있고 가을에 산에 가면 피어 있는 것을 쉽게 볼 수 있습니다. 터져 나온 씨앗으로 번식하기 때문에 도시에서 저절로 자라는 것도 많이 볼 수 있습니다. 최근에는 겨울도 따뜻하기 때문에 12월 말까지도 피어 있습니다. 한여름의 직사광선에는 잎이 타기 쉬우므로 반그늘에서 키워주세요. 한국에서는 중부 이남의 산지 숲 속에서 자라는데 특히 경상북도 구미시에 있는 금오산에 많이 서식하고 있습니다.

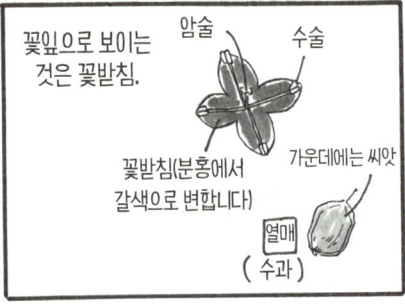
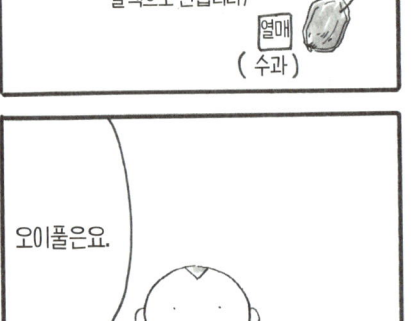

1 작은 꽃들이 모여 있는 모습으로 위쪽에는 암술의 아랫부분이 부풀어 차례로 열매가 생기고 있습니다.
2 줄기의 끝에 꽃이삭이 달립니다.

장미과의 여러해살이풀로 산과 들 여기저기에서 저절로 나고 자라납니다. 봄에 싹을 내어 여름부터 가을에 걸쳐서 갈색 꽃이삭을 맺고 키는 1m 정도 자랍니다. 겨울은 땅 윗부분이 시든 채로 보냅니다. 꽃은 꽃차례 맨 위에 있는 꽃부터 아래로 내려가면서 핍니다. 이처럼 피는 방법을 '유한화서'라 하고 거꾸로 아래에서 위를 향해 피어나가는 것은 '무한화서'라고 합니다. '오목향(吾木香)' '오적홍(吾亦紅)' '할목과(割木瓜)' 등 여러 가지 한자 표기법이 있습니다. 타카하마 쿄시(高浜虛子, 1874~1959, 일본의 배우이자 소설가)가 '나(吾) 역시(亦) 붉게(紅) 되어, 살그머니'라고 읊는 것처럼 단가나 하이쿠에서는 '오적홍'이 쓰일 때가 많습니다. 가을의 정취를 연출하는 데는 안성맞춤인 꽃이라 꽃꽂이를 할 때 인기가 좋은 재료입니다. 이유는 모르겠으나 물이 마르기 쉬우니 부지런히 관리해주세요. 꽃을 만져보면 드라이플라워 한 것 같이 좋이 질감이 나요. 한국에서는 각 처의 산지에서 자랍니다.

1 꽃이 진 후 남아 있는 암술의 끝부분은 갈고리처럼 생겼는데 동물의 털 따위에 달라붙기 쉽습니다.
2 잎에 무늬가 있는 종류도 있습니다.
3 기다란 꽃차례에 송이송이 꽃이 달라붙어 있습니다.

마디풀과의 여러해살이풀로 키는 50~80cm 정도이고 햇볕이 잘 드는 곳부터 반그늘까지 어디에서든 자랍니다. 강가와 연못 주변처럼 물가에 모여서 자라는 것도 볼 수 있습니다. 여름부터 가을에 걸쳐서 기다란 꽃이삭에 띄엄띄엄 작은 꽃을 피웁니다. 겨울은 땅 윗부분이 시든 채로 보냅니다. 이 꽃차례가 일본의 리본 장식인 '미즈히키(水引)'와 닮아 일본에서는 '미즈히키'라고도 부릅니다. 잎에 검은색 V자 무늬가 들어 있는 것도 있습니다. 튼튼하고 키우기 쉬워 마당이나 화분에도 많이 심습니다. 한국·일본·중국 등지에 분포되어 있습니다.

1 민들레 같은 갓털 모양의 씨앗은 바람에 날려 멀리 퍼집니다. 2 통상화의 주변에 설상화가 있는 모습이 국화꽃 같지요?

국화과의 여러해살이풀로 키는 50cm 정도 자랍니다. 약간 습한 곳과 반그늘을 좋아합니다. 후쿠시마(福島) 현의 서쪽에서 저절로 나고 자라나지만 최근에는 기온이 높아져 자생 범위가 넓어졌을지도 모르겠습니다. 꽃이 별로 없는 늦가을에 눈에 띄는 노란색 꽃이 피기에 벌과 꽃등에 등이 많이 찾아옵니다. 일본 정원에 잘 어울리기 때문에 예로부터 인기가 많았고 잎에 무늬가 있는 종류와 잎의 테두리가 팔랑거리는 종류를 비롯해 품종이 아주 많습니다. 화분과 모종은 가끔 나옵니다. 잎자루는 익히거나 졸여 먹습니다. 털머위의 어린 잎자루로 만든 조림(껍질을 벗긴 머위를 간장으로 진하게 조린 요리)은 꽤 특이한 맛입니다. 오키나와(沖縄)와 아마미오섬(奄美大島, 일본 가고시마현에 있는 섬)에서는 향토 요리라 채소로 재배하기도 하는데, 규슈(九州)가 가장 큰 산지입니다. 생약의 재료로도 쓰이는데 부스럼이나 습진에 잘 듣습니다. 한국에서는 남부와 제주도, 울릉도 해안에서 자란다.

나무

(봄, 여름)

44 삼나무 (杉/삼)

학명 *Cryptomeria japonica*
낙우송과 삼나무속

영명 Japanese cedar

꽃가루알레르기 때문에 피하고 싶은 삼나무에 의외의 사실이 있어 알려드립니다.

삼나무는 일본 특산인 나무입니다.
몰랐어요.

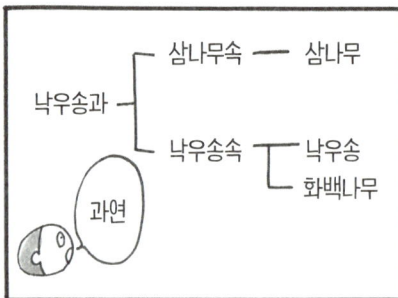

낙우송과 ─ 삼나무속 ─ 삼나무
          └ 낙우송속 ┬ 낙우송
                     └ 화백나무
과연

비단삼나무는?
꽃집에서 자주 쓰는 잎 재료
비단삼나무는 화백나무의 원예종이에요.
설관삼나무(셋칸스기/Cryptomeria japonica cv. Aurea)는 삼나무의 원예종이래요.
삼나무는 다양하게 쓰이는구나

꽃

암꽃
작년의 암꽃이 꽃가루받이한 것
수꽃
꽃가루

안에 씨앗이 들어 있다.
날개
씨앗

바람에 날아가는 씨앗

쓰임새

술 담는 상자
젓가락

건축 재료

98

1 카나가와(神奈川) 현의 아시가라카미(足柄軍) 야마기타(山北) 마을에 있는 빗자루삼나무의 모습으로 수령 2,000년의 천연기념물입니다. 2 수꽃이 꽃가루를 날립니다. 3 가지 끝에 십여 개의 수꽃이 피어 있습니다. 4 삼나무 숲의 모습.

낙우송과의 늘푸른나무로 암수한그루입니다. 꽃가루 알레르기의 원인으로 알려진 나무 중 하나입니다. 일본에 제일 많이 심겨 있는 나무이지만 실은 일본에밖에 없는 고유종(특산종)이라고 합니다. 중국에는 약 1,000년 전에, 유럽에는 에도(江戶) 시대(1603~1867년)에 전해졌다고 합니다. 가지 끝에 붙어 있는 동그란 것이 암꽃으로 꽃가루받이를 한 다음 안에 씨앗이 생깁니다. 솔방울의 삼나무 버전이므로 '삼방울'이라고 쓴 책과 기사를 언제인가 본 적 있는데, 정식 이름은 아니고 애칭입니다. 예로부터 건축 재료부터 가구, 나무통, 젓가락을 비롯하여 다양하게 쓰였습니다. 오래 사는 만큼 키가 매우 커지는 게 특징인데, 야쿠시마섬(屋久島)의 조몬삼나무(繩文杉)와 닛코(日光)의 삼나무 가로수길 등 여러 곳에 명소와 명목(名木)이 있습니다. 한국에서는 경남, 전남 등지에 심어 숲을 이루고 있으며, 제주도에서는 강풍을 막기 위한 바람막이숲으로 조성되어 있습니다.

45 버드나무 (柳/류)

학명: *Salix*
버드나무과 버드나무속
영명: osier, willow

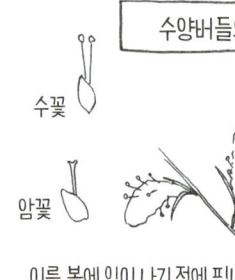
수양버들의 꽃
수꽃
암꽃
이른 봄에 잎이 나기 전에 핍니다.

버드나무과에서 늘어지는 종류는 수양버들 뿐.

버드나무 이모저모
화투의 11월
판자
이쑤시개

하나후쿠 메모
용버들
갯버들
꽃꽂이용으로 쓰는 나무는 겨울~봄
갯버들 화분은 이른 봄에 나와요.

1 꽃이 진 다음에 잎이 나오는 나무로, 수꽃은 노란색의 갯버들 꽃과 비슷하게 생겼지만 약간 작습니다.
2 도시에서는 연말 무렵에 잎이 떨어집니다.

버드나무과의 갈잎큰키나무로 갈잎작은키나무의 총칭입니다. 암수딴그루이지만 일본에서는 대부분 수나무를 심어 꺾꽂이로 번식합니다. 거리의 가로수나 공원의 나무로 친숙한 수양버들뿐만 아니라 꽃꽂이에 많이 쓰이는 갯버들과 용버들 등도 모두 친근한 나무입니다. 버드나무라 하면 수양버들을 가리키는 경우가 많은데, 수양버들은 중국이 원산지로 일본에는 나라(奈良) 시대(710~794년)에 들어온 것으로 알려져 있습니다. 습한 곳을 좋아하므로 강가나 물가에서 여러 종류가 저절로 나서 자라고 있습니다. 꽃은 초봄에 피지만 평범해서 그다지 눈에 띄지 않습니다. 겨울에서 이른 봄에 꽃꽂이용 재료로 나오는 갯버들 가지를 잘 관찰해보면, 전부 꽃술 끝에 노란색 꽃밥이 묻어 있는 수꽃들입니다. 재배하는 갯버들도 수양버들처럼 수꽃이 많을지도 모르겠습니다. 갯버들의 폭신폭신한 꽃이삭은 보통 은색이지만 최근에는 꽃이삭이 분홍빛인 분홍갯버들도 나와서 인기입니다. 분홍빛의 강아지풀처럼 매우 귀엽습니다. 갯버들과 용버들의 가지는 꽃시장에 종종 들어오지만 수양버들의 가지는 꽃시장에서 한 번도 본 적이 없습니다. 커다랗게 자라는 탓에 가정에서는 잘 사지 않아 그런지도 모르겠습니다.
한국에서도 하천가나 계곡 사이에서 많이 볼 수 있고, 가로수로도 사용됩니다.

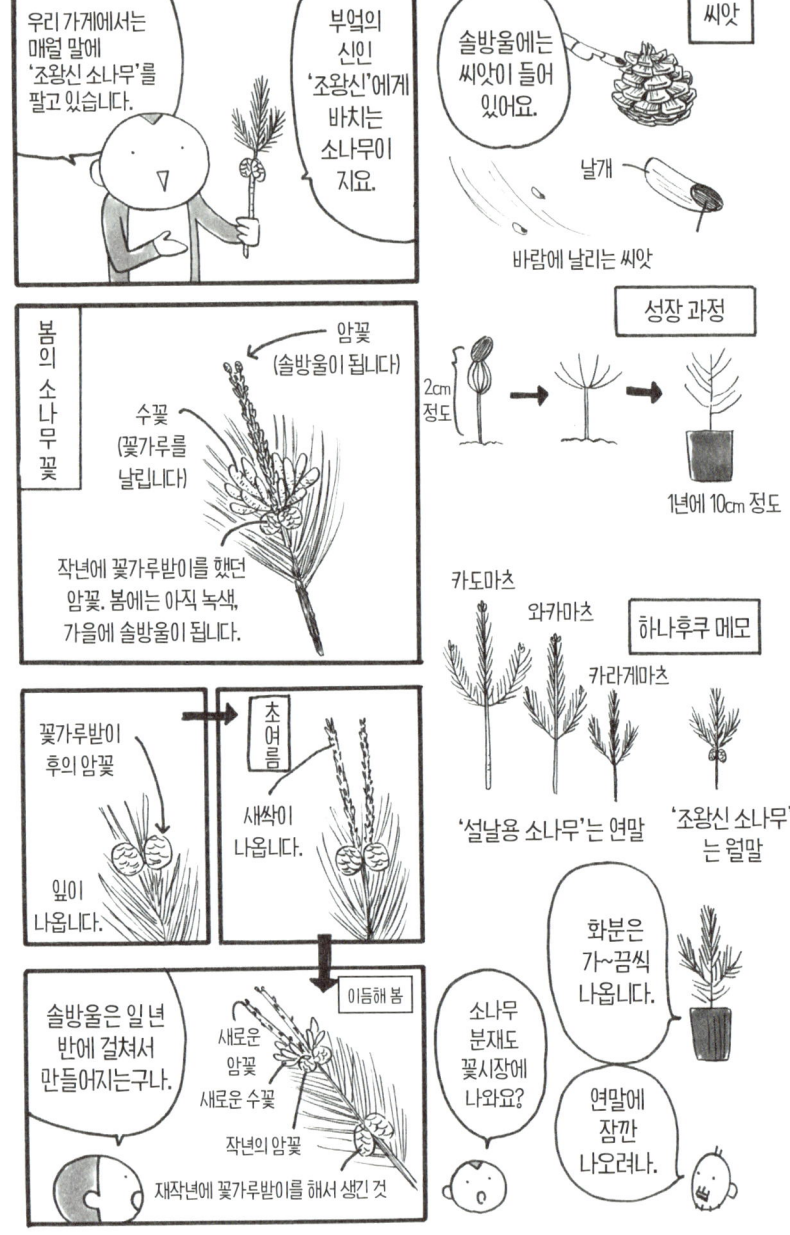

1 초여름의 솔방울은 아직은 어린 녹색인데 점점 자라 가을에는 갈색 솔방울이 됩니다.
2 벗겨진 나무껍질의 모습.
3 가지 모양이 멋진 곰솔.
4 바위 틈에서 자라는 소나무.

소나무과 소나무속 늘푸른나무의 총칭입니다. 암수한그루로 봄에 꽃이 피고 이듬해 가을에 솔방울이 생깁니다. 곰솔의 솔방울은 2년에 걸쳐 익습니다. 흔히 소나무라고 하면 적송이나 곰솔을 말하는데 나무껍질에 붉은빛이 도는 게 적송이고 검은빛이 도는 게 곰솔입니다. 다른 구분법으로 잎은 바늘 모양으로 두 개씩 붙어 자라는데, 잎끝에 손을 댔을 때 아프지 않으면 적송, 아프면 곰솔입니다. 옛날부터 신에게 제사를 지낼 때나 전통 행사 등에 사용되었고 건축 재료나 숯으로, 씨앗이 있는 소나무 열매는 식용으로, 소나무 기름은 연료와 생약, 향료를 비롯해 다양하게 쓰였습니다. 이와테(岩手) 현은 남부적송, 군마(群馬) 현과 시마네(島根) 현은 곰솔, 오카야마(岡山) 현과 야마구치(山口) 현은 적송, 후쿠이(福井) 현과 에히메(愛媛) 현은 소나무, 오키나와(沖繩) 현은 오키나와 소나무 등 많은 현이 소나무를 현의 상징목으로 지정하고 있습니다. 한국에서는 일본보다 먼저 소나무가 분포되었고 생활과 밀접하게 관련되어 있습니다.

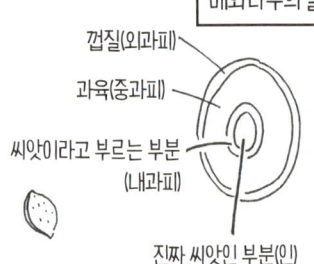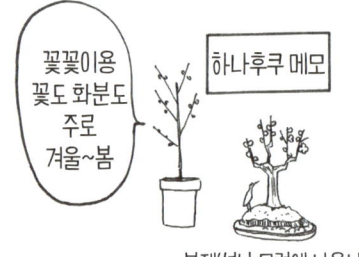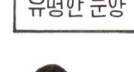

1 매화나무의 꽃은 벚꽃처럼 꽃자루가 없어서 가지에 붙어 있는 것처럼 핍니다.
2 매화나무인 '팔중한홍'
3 '월영'은 꽃받침의 끝부분이 황록색을 띱니다.
4 '홍동지'로 '동지' 계통은 꽃이 빨리 피는 종류가 많습니다.
5 향기에 끌려 사람도 곤충도 새도 모여듭니다.

장미과의 갈잎낮은키나무로 중국이 원산지인데 나라(奈良) 시대(710~794년) 무렵 일본에 들어왔다고 전해집니다. 암수한그루로 이른 봄에 향기 좋은 꽃을 피우고 초여름에 열매가 생깁니다. 원예 품종이 많은데 주로 꽃을 즐기는 '화매(花梅)'와 열매를 장아찌나 술을 비롯해 식용으로 하는 '실매(實梅)'로 크게 나눕니다. 정원수로 인기가 좋아 일본 정원과 공원, 신사, 절 등에 심어져 있습니다. 여기저기에 매화 공원이 있는데 한 번 정도는 가보지 않으셨나요? 예로부터 꽃의 향기와 아름다움은 노래에서 많이 읊어졌고 '염매('떨어진 열매를 소금에 절인 것'이란 뜻과 '군주를 도와 정무를 잘 처리한다'는 뜻이 있음)' '송죽매(소나무, 대나무, 매화나무를 말하는데, 흔히 상품이나 성적 등 세 가지 등급 표시로 쓰임)'를 비롯한 매화나무에 관한 단어와, 매화나무에 가지치기가 필요하다는 걸 표현한 '벚나무는 자르면 바보, 매화나무는 자르지 않으면 바보(벚나무는 가지를 치면 자른 부분이 썩기 쉬워 안 하는 편이 좋고 매화나무는 자른 부분에서 금세 새로 움이 트므로 좋다는 이야기. 봄날 벚꽃을 보며 술을 마시다 취해 아무 생각 없이 벚나무 가지를 자르지 말라는 경고이기도 함)' 같은 속담도 있습니다. 매화나무의 꽃은 예뻐 잎사귀와 줄기에 곤충이 꾀기 쉬운 게 고민이 되기도 한답니다.

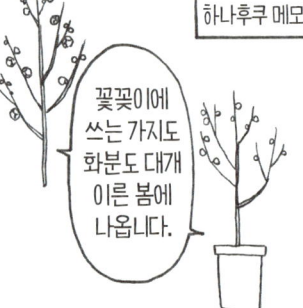

1 오전이면 뻗어 있는 가지에 꽃이 피는데, 매화처럼 가지에 바싹 붙어서 피는 것이 특징입니다. 2 초여름에는 아직 열매가 녹색입니다만 점점 검은빛이 돕니다. 3 납세공 같은 질감을 하고 있는 꽃잎의 모습.

납매과의 갈잎작은키나무로 중국이 원산지인데 에도(江戶) 시대에 일본에 들어왔습니다. 암수한그루로 이른 봄에 향기 좋은 꽃을 피웁니다. 꽃이 납세공 같은 질감을 가져서 '납매'라는 이름이 붙었다고 합니다. 매화나무와 비슷하지만 과(科)가 다르고 꽃이 진 후에 생기는 열매도 먹을 수 없습니다. 꽃꽂이의 재료로 인기가 좋은데 이른 봄에 할 수 있습니다. 튼튼해서 정원수로도 키우기 좋은데 화분과 묘목 역시 이른 봄부터 봄 동안 나옵니다.

1 꽃받침의 바깥쪽은 빨갛고 안쪽은 하얗습니다만, 바깥쪽이 하얗거나 노란 품종도 있습니다.
2 지난해 나온 가지에 7월 무렵이면 꽃눈이 생깁니다.

팥꽃나무과의 늘푸른작은키나무로 키는 1~2m 정도 자랍니다. "침향(沈香) 같은 향기를 내면서 '정향(丁子/clove)" 같은 꽃을 피운다"라고 한 것이 이름의 유래입니다. 중국이 원산지로 일본에 들어온 시기는 명확하지 않은데, 무로마치(室町) 시대(1336~1573년)에 재배 기록이 있다고 합니다. 암수딴그루이지만 일본에는 수나무만 있어 열매를 맺지 않는다는 설도 있고, 양성화(한 꽃 안에 암술과 수술이 함께 있는 꽃)를 피우는 가지가 많아 열매를 맺기 어렵다는 설도 있습니다만 어찌 되었든 꺾꽂이로 번식을 합니다. 매화나무와 납매에 이어 이른 봄에 향기 좋은 꽃을 피웁니다. 봄을 알리는 향기답게 정원수로서 꾸준히 인기가 좋습니다. 옮겨 심는 것에 약하므로 그럴 때는 뿌리가 다치지 않도록 조심해주세요. 어두우면 꽃 상태가 좋지 않으므로 밝은 곳이 좋지만 한여름의 저녁 햇볕에 잎이 탈 수 있으니 빛이 닿지 않는 곳에 두는 게 제일 좋습니다.

50 삼지닥나무 (三椏/三叉)

학명 | *Edgeworthia chrysantha*
팥꽃나무과 삼지닥나무속

영명 | mitsumata, paperbush

※ 딴그루이면서 암나무에 열매가 열리는 것도 있습니다.

꽃

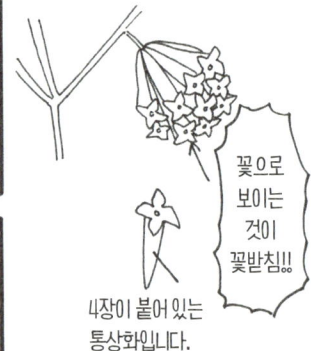

용도

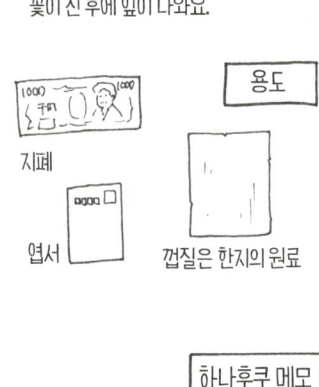

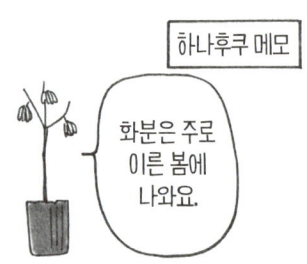

하나후쿠 메모

화분은 주로 이른 봄에 나와요.

110

1 구스다마(다양한 향료로 채운 비단주머니를 조화 등으로 장식하여 공처럼 엮고 장식실을 길게 늘어뜨린 것)처럼 생긴 꽃.
2 줄기도 세 갈래. 3 꽃봉오리의 모습, 가지가 셋으로 갈라졌음을 알 수 있습니다. 4 오렌지색 꽃도 있습니다.

팥꽃나무과의 갈잎작은키나무로 중국이 원산지이며 키는 1~2m 정도 자랍니다. 암수한그루로 이른 봄에 잎보다 향기 좋은 꽃을 먼저 피웁니다. 가지가 세 갈래로 나뉘어 있어 '삼아(三椏)/삼차(三叉)'라는 일본 이름이 붙었습니다. 대부분 확실하게 거의 세 갈래로 갈라져 있는 모습이 신기합니다. 나무껍질은 한지나 지폐의 원료가 되어 옛날부터 재배해왔습니다. 또한 정원수나 공원의 나무로도 꾸준히 심어졌습니다. 붉은빛의 꽃이 피는 종류도 있습니다. 서향처럼 옮겨 심는 것에 약하므로 땅에 옮겨 심을 때는 심을 곳을 잘 생각해서 작업해야 합니다. 이른 봄에는 산에서 야생화된 삼지닥나무도 가끔 볼 수 있습니다. 꽃이 별로 없는 시기에 구슬 같은 꽃이 눈에 잘 들어오므로 산책하거나 트래킹을 할 때 꼭 한 번 찾아보세요.

51 백목련(白木蓮/백목련)

학명 *Magnolia denudata*
목련과 목련속

1 백목련의 꽃잎은 폭이 넓고 두꺼운데, 위를 향하거나 비스듬히 위를 향해 핍니다.
2 자목련의 꽃잎은 바깥쪽이 보라색입니다. 3 백목련의 겨울눈입니다.

목련과 목련속의 갈잎큰키나무, 암수한그루로 이른 봄에 벚꽃보다 한걸음 앞서서 꽃을 피우고 꽃이 진 후 잎사귀가 자라납니다. 때로는 꽉 쥔 주먹(코부시, コブシ/Magnolia kobus)처럼 생긴 열매가 생깁니다. 키는 20m 이상 되는 것도 있고 정원이나 공원, 때로는 신사나 절에 심기도 합니다. 보통 목련이라고 하면 보라색의 '자목련'을 뜻하고 하얀 꽃이 피는 것은 '백목련'입니다. 어느 것이든 중국이 원산지입니다. 목련의 꽃눈은 여름 무렵에 생겨서 이듬해 봄에 핍니다. 햇볕을 잘 받아 성장이 더 잘 된 꽃봉오리의 남쪽이 부풀어서 자라나기 때문에 북쪽의 꽃잎이 휘어 꽃봉오리의 끝은 북쪽을 향합니다. 그러고 보면 꽃봉오리는 모두 같은 방향을 보고 있습니다. 꽃이 피는 시기는 자목련보다 백목련이 빠르고 3월 무렵부터 피기 시작합니다. 꽃봉오리는 한방에서 '신이(목련의 꽃봉오리를 말린 것)'라는 약재의 원료가 되는데 두통이나 비염에 잘 듣습니다. 원예 품종은 아주 많고 일본뿐만 아니라 중국과 서양에서도 옛날부터 인기가 좋은 꽃나무입니다. 서양에서는 목련과 일본 토종목련 둘 다 '매그놀리아'라고 부르는 경우가 많습니다. 영화 「Steel Magnolias」의 매그놀리아는 '태산목'입니다. 목련 꽃은 매우 향기가 좋지만 대부분 높은 곳에 피어 있기 때문에 향기를 맡을 수 없습니다. 낮은 곳에 피어 있는 꽃을 발견하면 꼭 향기를 맡아보세요.

1 코부시는 봄에 재빨리 꽃을 피우는데, 꽃이 옆을 향해서 피고 목련보다 폭이 좁습니다.
2 겨울 날을 준비하는 꽃눈. 3 빨간 열매는 새들에게 인기가 좋습니다.

목련과 목련속의 갈잎큰키나무로 암수한그루입니다. 봄에 향기 좋은 꽃을 잎보다 먼저 피우고 꽃이 진 후에 열매를 맺습니다. 열매는 여름 내내 점점 커져 주먹만 해지면 가을에 터지면서 빨간 씨앗이 나옵니다. 코부시는 정원이나 공원의 나무로도 인기가 좋지만 목련과 달리 여기저기에서 저절로 나서 자라기도 합니다. 농사와 관련되어 '봄갈이 벚꽃(봄에 밭을 갈 때 핀다는 뜻)' '씨뿌리기 벚꽃(코부시의 꽃이 피는 시기를 보고 씨 뿌릴 때를 점친다는 뜻)' '감자 심는 꽃' 등 별명이 다양하고 '코부시 꽃이 많이 피면 풍년이다' '코부시 꽃이 피면 정어리가 잡힌다'와 같은 속담도 많습니다.

53 벚나무류(桜)

학명: Cerasus
장미과 벚나무속

영문명: cherry blossom, Japanese cherry

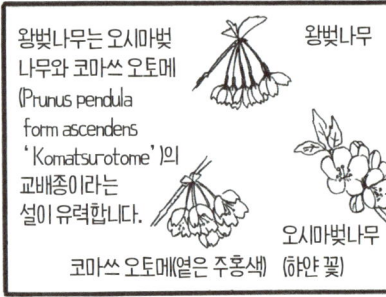
왕벚나무는 오시마벚나무와 코마쓰 오토메(Prunus pendula form ascendens 'Komatsurotome')의 교배종이라는 설이 유력합니다.
왕벚나무
코마쓰 오토메(옅은 주홍색)
오시마벚나무(하얀 꽃)

왕벚나무 종류끼리는 열매를 맺기 어렵습니다.

다른 품종과는 열매가 생깁니다.

왕벚나무는 접붙이기와 꺾꽂이로 번식을 합니다.
팔고 있는 것은 접붙이기로 만든 묘목이에요.

왕벚나무의 버찌
왕벚나무는 제꽃가루받이를 하기 어려워요.
가끔 맺히는 버찌는 다른 품종과 가루받이해서 열린 거예요.

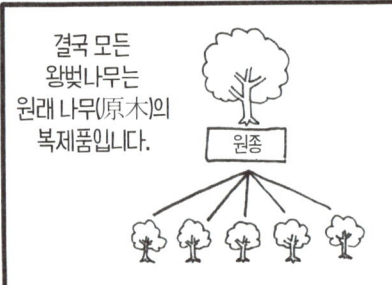
결국 모든 왕벚나무는 원래 나무(原木)의 복제품입니다.
원종

하나후쿠 메모

그리고 결국 모든 왕벚나무는 누군가가 심어서 키운 나무들이지요.

벚나무는 꽃꽂이 이용 가지도, 화분도 겨울~봄에 나옵니다.

역시 품종이 다양해요.

1 춘분 전후 왕벚나무보다 먼저 피는 올벚나무는 꽃받침의 아랫부분이 볼록하고 둥그렇습니다.
2 왕벚나무의 유래에는 여러 설이 있습니다. 3 꽃구경하기에 알맞게 핀 왕벚나무.

장미과 벚나무속의 갈잎큰키나무로 암수한그루에 키는 10~15m 정도 자랍니다. 대부분의 품종이 이른 봄에 잎보다 먼저 꽃을 피웁니다. 왕벚나무와 케이오벚나무(啓翁桜, 케이오자쿠라), 올벚나무를 비롯해 품종이 많습니다. '꽃구경'이라고 하면 왕벚나무이지만, 왕벚나무는 에도 시대 말기부터 메이지 시대 초반에 만들어진 새로운 품종입니다. 왕벚나무가 생기기 전에는 산벚나무가 꽃구경의 주역이었던 듯합니다. 나무는 가구나 건축 재료 또는 훈연 재료로 사용하고 나무껍질은 염료로 쓰이고 있습니다.

1 산에서 저절로 자라고 있는 산딸나무의 모습. 2 벚꽃이 질 무렵 피기 시작합니다. 3 미국산딸나무의 모습으로 한 가운데가 꽃이고 빨간 것은 포입니다. 4 산딸나무의 꽃.

미국산딸나무와 산딸나무도 층층나무과 층층나무속의 갈잎나무로 암수한그루입니다. 키는 10~20m 정도 자랍니다. 미국산딸나무는 북아메리카가 원산지이고 산딸나무는 일본 동북지방의 남쪽부터 한반도, 중국 등에서 저절로 나서 자라고 있습니다. 벚꽃이 지면 미국산딸나무가 피기 시작하고 좀 더 시간이 흐른 뒤 산딸나무가 피기 시작합니다. 꽃이 지면 각각 열매가 맺히고 가을에 익습니다. 미국산딸나무는 1912년 도쿄 시장 오자키 유키오(尾崎行雄/일본의 정치가/1859~1954년)가 미국에 벚나무를 선물하고 답례로 받아 일본에 가져왔습니다. 제가 아이일 때(1970년대)부터 공원 등에 많아지기 시작해서 1990년대쯤에 심기를 멈추었습니다. 그 후로는 산딸나무가 더 많아졌습니다. 최근에는 산딸나무의 종류가 많아져 꽃 피는 시기가 3개월이나 되는 종류도 있고, 사계절 내내 늘푸른나무도 있습니다. 산딸나무의 열매가 맛있다고 해서 한번 맛보고 싶은데, 언제나 직박구리에게 기회를 빼앗기고 맙니다. 미국산딸나무의 열매는 정말 맛이 없는지 완전히 다 안 먹힌 채 매달려 바람에 흔들리는 걸 자주 봅니다.

55 철쭉류(躑躅)

학명: *Rhododendron* 진달래과 진달래속

영명: azalea

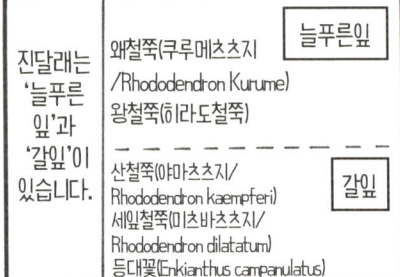

1 산에서 저절로 자라고 있는 산딸나무.
2 벚꽃이 질 무렵 피기 시작합니다.
3 미국산딸나무로 한가운데가 꽃이고 빨간 것은 포입니다.
4 산딸나무의 꽃.

철쭉 종류는 크게 진달래과 진달래속의 늘푸른작은키나무와 갈잎작은키나무(큰키나무도 있음)로 나눌 수 있는데, 둘 다 암수한그루입니다. 늘푸른나무는 길가나 공원에서 잘 볼 수 있는 '왕철쭉'과 '왜철쭉' '자산홍', '영산홍' 등이 있습니다. 가로수로 가장 눈을 끄는 것은 붉은 보라색의 철쭉입니다. 어느 종류든 배기가스에 강하기 때문에 가로수로 선택된 것 같습니다. 갈잎 종류의 철쭉은 이곳저곳 산에서 저절로 피는 '산철쭉'과 '세잎철쭉(', 정원수로 인기가 많은 '단풍철쭉(Enkianthus perulatus, 단풍철쭉속)' 등이 있습니다. 갈잎 종류는 약간 서늘한 날씨를 좋아하기 때문에 도쿄의 여름 날씨에는 힘들어 보입니다. 철쭉은 예로부터 많이 재배했는데, 에도(江戶) 시대에 이미 원예 품종이 많았으며 애호가도 많았던 듯합니다. 일본의 철쭉이 유럽으로 건너가 교배를 거듭해 태어난 것이 잎과 꽃의 질감이 철쭉과 비슷한 아잘레아(서양철쭉)입니다. 꽃가게에서 철쭉 종류는 봄에 많이 나옵니다만 꽃꽂이에 쓰는 단풍철쭉의 가지는 봄부터 가을까지 볼 수 있답니다.

56 황매화 (山吹/산취)

학명 | *Kerria japonica*
장미과 황매화속

영명 | Japanese rose, Jew's mallow

황매화는 '화분'과 '꽃꽂이용 가지'가 있습니다.

꽃

수술이 꽃잎 모양으로 된 것 — 겹꽃
장미처럼 생긴 꽃 모양 — 홑겹

어라?

가지가 녹색!

꽃꽂이에 쓰는 ※황매화에 열매가 달려 있네.

※ 황매화는 열매가 5개 달리므로, 이것은 '병아리꽃나무'입니다.

일화

오오타 도우칸이 사냥을 하다 비가 와서 농가에서 도롱이를 빌리려 할 때 "일곱 겹 여덟 겹 꽃을 피워도 황매화의 열매 하나도 맺히지 않으니 슬프도다."

아가씨는 이(↑) 노래의 '열매 하나'를 '도롱이 하나'로 바꾸어 황매화를 내놓았다고 합니다.

이걸 심을 정원이 있으면 좋겠다. 흑흑흑

그러게.

1 겹황매화는 황매화보다 약간 늦게 꽃이 피는데 키는 황매화보다 크게 자라는 편입니다.
2 가지치기는 꽃이 진 후에 바로 해주세요. 꽃눈은 여름 오전에 만들어집니다.
3 홑겹 황매화.

장미과 황매화속의 갈잎작은키나무입니다. 암수한그루로 4~5월에 선명한 황금색의 꽃이 피는데 꽃이 지고 나서도 여름 동안 띄엄띄엄 피는 모습을 볼 수 있습니다. 홑꽃과 겹꽃이 있으며 크고 작은 톱니가 있어 들쭉날쭉한 잎사귀와 녹색 가지로 간단히 구분할 수 있습니다. 이 녹색 가지는 황매화뿐입니다. 홑꽃은 산과 들 여기저기에서 저절로 나서 자라며 정원과 공원에도 많이 심겨 있습니다. 겹꽃은 열매가 생기지 않기 때문에 꺾꽂이로 번식합니다. 꽃꽂이용으로 많이 쓰는 '병아리꽃나무'의 가지는 황매화와 매우 비슷하지만 다른 종의 식물입니다. 병아리꽃나무도 황매화의 화분이나 꽃꽂이용 가지와 함께 이른 봄부터 봄이 끝날 때까지 많이 나온답니다.

57 느티나무 (欅/거)

학명: *Zelkova serrata*
느릅나무과 느티나무속

영문명: Japanese zelkova, saw-leaf zelkova

1 부채처럼 둥글고 크게 퍼진 아름다운 생김새를 보니 멀리서 봐도 느티나무임을 알 수 있습니다.
2 줄기는 비늘 상태로 벗겨집니다.
3 열매가 붙어 있는 가지 끝부분이 바람에 날아갑니다.

느릅나무과 느티나무속의 갈잎큰키나무로 키는 평균 20m 이상, 때로는 40m가 넘게 자라는 꽤 큰 나무가 됩니다. 혼슈(本州)에서 큐슈(九州)에 걸쳐 저절로 나고 자라는데 암수한그루로 이른 봄에 수수한 꽃을 피우고 가을에 열매가 익습니다. 부채꼴로 펼쳐지는 나무 생김새는 멀리서 봐도 느티나무란 걸 알 수 있을 만큼 매우 아름답습니다. 길가나 공원의 나무, 신사나 절의 신목(神木)으로도 많이 심겨 있습니다. 나무껍질은 어린나무일 때는 매끄럽지만 커가면서 비늘 상태로 벗겨집니다. 목재는 나뭇결이 아름답고 단단해서 건축 자재, 가구, 배, 악기 등에 쓰입니다. 키요미즈테라(清水寺, 교토의 절)를 시작으로 툐쇼다이지(唐招提寺, 나라현의 절), 사쿠라다몬(桜田門, 도쿄에 있으며 외부에서 천황이 사는 황거로 들어가는 문)을 비롯해 유명한 건축물에 많이 쓰였습니다. 미야기(宮城) 현, 후쿠시마(福島)현, 사이타마(埼玉) 현의 현목(県木)이기도 합니다. 푸조나무와 팽나무, 녹나무, 감탕나무의 어린나무는 여기저기에서 볼 수 있지만, 느티나무처럼 크게 자라는 나무는 가정의 수요가 없는 탓인지 꽃시장에서 화분이나 묘목을 거의 볼 수 없습니다. 제가 제대로 관찰을 못 한 탓일까요? 발견할 때까지 앞으로도 계속 관찰을 해보고 싶습니다.

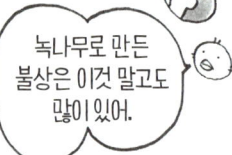

1 녹나무의 새싹은 붉은빛이 도는데, 자랄수록 점점 녹색으로 변하고 다 자라면 울창하고 둥근 모양새를 보입니다.
2 잎맥이 갈라지는 부분에 소혈(巢穴, domatium)이라는, '진드기를 살게 하는 작은 방'이라고 부르는 곳이 있는데 안에 진짜로 진드기가 있을 것 같습니다.
3 열매는 가을에 익습니다.

녹나무과 녹나무속의 늘푸른큰키나무입니다. 칸도(関東) 지방의 남쪽부터 규슈(九州)에 걸쳐 저절로 나고 자랍니다. 암수한그루로 초여름에 꽃을 피우고 가을에 열매가 익습니다. 잎의 가장자리가 물결처럼 굽이치고 때로는 빨강이나 황록색 어린잎이 섞여 있는 게 특징입니다. 줄기, 잎, 뿌리는 장뇌(樟腦)의 원료가 되는데 잎을 찢으면 약간 냄새가 납니다. 길가와 공원, 신사와 절에도 심겨 있으며, 20m 이상 큰 나무로 자라기 때문에 신목(神木)으로 받들어지는 경우도 많습니다. 도쿄 스기나미(杉並)구에 있는 통칭 '토토로(일본 애니메이션의 주인공) 나무'를 비롯해서 여기저기에 커다란 나무와 천연기념물로 지정된 것도 꽤 많습니다. 효고(兵庫) 현, 구마모토(熊本) 현의 현목(県木)이기도 합니다. 목재는 방충효과가 있고 가구나 건축 자재, 공예품, 악기, 조각 등에 폭넓게 쓰입니다. 녹나무도 꽃시장에서는 볼 수 없지만 도시의 아스팔트나 콘크리트의 틈새 여기저기에서 싹이 트는 걸 보면 발아율이 좋은 것 같습니다. 우리 집의 홍콩야자 화분에서도 자라고 있는데, 녹나무의 어린나무는 옮겨 심는 것을 잘 못 견디기 때문에 어떻게 하면 좋을까 궁리하며 살고 있습니다.

1 매달린 채 아래를 향해 피는 꽃의 모습. 2 열매도 매달려 자라고 있습니다.

때죽나무과 때죽나무속의 갈잎나무로 별명은 '상추나무(어린잎의 맛이 상추와 비슷해서)'입니다. 암수한그루로 5~6월 무렵에 하얀 별처럼 생긴 꽃(꽃 색깔이 옅은 분홍색인 품종도 있습니다)을 피우고 열매는 가을에 익습니다. 산과 들 여기저기에서 저절로 나서 자라고 정원에 심기도 합니다. 키는 10m 정도 자랍니다. 덜 익은 열매에는 '에고사포닌'이라는 유독 성분이 있어 입에 대면 아린 맛(에구이/えぐい)이 나기 때문에 '에고노키(エゴノキ)'로 불리게 되었다고도 합니다(우리말 '때죽나무'는 이 열매를 물에 넣으면 독 때문에 물고기가 '떼로 죽어서' 때죽나무가 되었다는 설이 있습니다). 옛날에는 어린 열매를 세제로 쓰기도 했다네요. 목재는 장기판의 말이나 장난감, 건축 자재, 땔감용으로 쓰이고 있습니다. 산길에 때죽나무의 꽃들이 떨어져 있으면 별을 쭉 깔아놓은 듯 깜짝 놀랄 정도로 아름답습니다. 꽃이 예뻐서 '상징목'으로도 인기가 많습니다. 가정에서는 '주립(株立, 일본 분재 용어로 한 그루의 뿌리에서 줄기가 여러 개 올라와 한 무리의 숲을 연상케 하는 모양새)' 형태로 키우는 걸 추천합니다.

60 등나무 (藤, 등)

학명: *Wisteria floribunda*
콩과 등나무속

등나무도 콩과 접형화관
기판
익판
용골판
곤충의 무게로 수술과 암술이 나옵니다.

하지만 용골판이 열리려면 결국 힘이 필요해요.

어리호박벌만큼 힘이 없으면 열 수 없어요.
위~~잉
꽃가루가 묻어요.

그래? 그래서 등나무에 어리호박벌이 많이 있었던 거구나.
윙~윙~

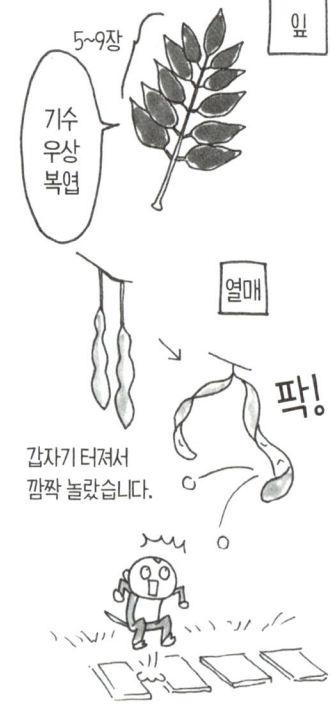

잎
5~9장
기수 우상 복엽

열매
팍!
갑자기 터져서 깜짝 놀랐습니다.

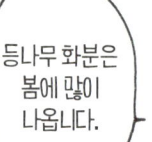

하나후쿠 메모

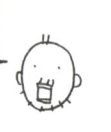

등나무 화분은 봄에 많이 나옵니다.

최근에는 한 해에 두 번 꽃이 피는 '아메리카등나무'가 인기 좋아요.

아메시스트 폴스
(Amethyst Falls)

1 꽃이삭이 붙어 있는 부분부터 차례대로 꽃이 핍니다.
2 일본등나무의 모습.
3 여름의 등나무 시렁, 열매는 먹을 수 없습니다.

콩과 등나무속의 덩굴성 갈잎나무로 혼슈(本州)부터 규슈(九州)의 산과 들에서 저절로 나고 자라며 정원과 공원에도 심어져 있습니다. 등나무 시렁으로 즐기는 경우가 가장 많고 카메이도텐(亀戸天) 신사(도쿄에 있는 신사)를 비롯한 여러 곳에 명소가 있습니다. 암수한그루로 봄에 꽃이 피고 늦은 가을에 열매가 익기 시작합니다. 여름에도 새싹에서 조금씩 꽃이 핍니다. 덩굴식물이면서 깃꼴겹잎이라면 대부분 등나무이니 금세 알아볼 수 있습니다. 일반적으로 덩굴이 오른쪽으로 감기는 등나무계와 왼쪽으로 감기는 일본등나무계로 크게 나뉩니다. 등나무는 꽃이삭이 길며 가지에 붙어 있는 부분부터 꽃을 피웁니다. 일본등나무는 등나무와 비교하면 잎도 꽃도 약간 작고 꽃이삭도 짧습니다. 덩굴은 섬유를 이용해 등나무 천을 만들거나 줄, 바구니 등을 만들고 꽃은 먹기도 하는 등 예로부터 다양하게 쓰였습니다. 정원수로도 매우 인기가 높고 분홍과 흰 꽃이 피는 원예종도 많이 있습니다. 요즘 가장 인기 있는 '아메시스트 폴스'라는 품종은 꽃송이가 둥글고 윤기가 나며 아름다운 색의 꽃이 피는 데다 향기도 좋아 흔히 보는 등나무와는 또 다른 매력이 있습니다. 한 해에 두 번 피는 꽃을 보는 것도 즐거움 중 하나입니다.

61 섬물푸레나무 〈시마토네리코 / 島梣 / 도심〉

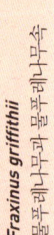

물푸레나무과 물푸레나무속
학명 *Fraxinus griffithii*

1컷
이것 봐봐, 한 포기에서 여러 갈래로 갈라져 나온 멋진 물푸레나무를!

늘 푸르면서 우상복엽(깃꼴겹잎)인 식물은 별로 없어.

잎
우상복엽

2컷
왜 그렇게 항상 나무 생김새를 자랑해요?
한 포기 한 줄기
한 포기 여러 줄기
이렇게 생긴 게 비싸니까.

겨울에는 약간 잎이 떨어지기도 해요.

3컷
왜 비싸요?
이렇게까지 키우기가 매우 힘들거든. 시간도 많이 걸리고.

최근에는 겨울이 따뜻해서 칸도지역에도 보급되었어. 옛날에는 별로 없었다고.

인기예요, 대인기!

화분에 심은 건 잎이지는 걸 봤는데

땅에 심은 건 아무 문제 없더라고요.

4컷
섬물푸레나무는 암수딴그루
꽃
날개
씨앗
열매
초여름에 하얀 꽃이 피고, 가을에 열매가 익는 게 암나무입니다.
수술
암술

1 열매의 모습, 처음에는 흰빛이 납니다.
2 가을에 다 익은 열매.
3 깃꼴겹잎인 잎사귀.
4 꽃이 진 후에 열매가 생깁니다.

물푸레나무과 물푸레나무속의 반(半) 늘푸른큰키나무로 암수딴그루에 초여름이면 하얀 꽃이 핍니다. 꽃이 진 후에 날개가 있는 씨앗을 단 것이 암나무인데, 잎과 줄기로 암수를 구별하기는 어렵습니다. 옛날에는 칸도(関東) 지방에서 겨울을 보내는 게 힘들었다고 합니다만, 최근에는 온난화로 약간 잎이 떨어지긴 하지만 충분히 월동할 수 있게 되어 정원수로도, 아파트 조경으로도 자리를 잡았다고 합니다. 튼튼하고 병충해 걱정도 별로 없으며 손질도 쉬워 최근 몇 해 동안 인기 최고인 나무입니다. 섬물푸레나무는 '오키나와(沖縄=島)의 물푸레나무'라는 뜻으로, 대만시오지(タイワンシオジ, 타이완시오지, Fraxinus platypoda Oliv)라는 별명도 있습니다. 대개 꽃시장에서 '물푸레나무'란 이름으로 팔리고 있는 묘목은 이 '섬물푸레나무'입니다. 매우 비슷하게 생긴 진짜 '물푸레나무'는 갈잎나무로서 일본이 원산지입니다.

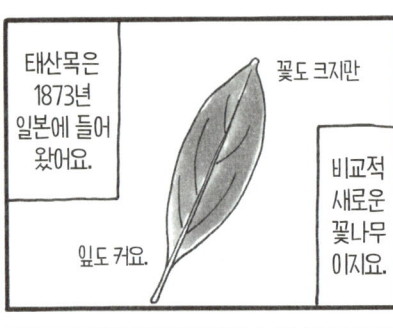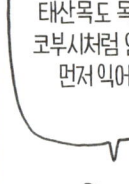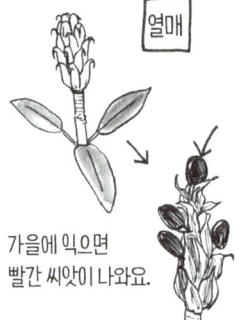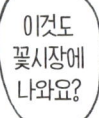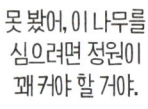

1 커다란 꽃이 핀 나무 아래에 가면 좋은 향기가 납니다. 2 나무가 옆으로는 그다지 퍼지지 않습니다.

목련과 목련속의 늘푸른큰키나무로 별명은 백련목(白蓮木)입니다. 암수한그루로 초여름이면 향기 좋고 커다란 하얀 꽃을 피우고 가을에 열매가 생깁니다. 북아메리카가 원산지로 미국의 루이지애나주를 상징하는 나무이기도 합니다. 일본에는 메이지(明治) 시대(1868~1912년) 초반에 들어온 비교적 새로운 나무입니다. 1879년 당시 미국의 그랜트(Ulysses Simpson Grant, 1822~1885) 대통령이 일본에 왔을 때 대통령은 노송나무를, 영부인은 태산목을 우에노 공원에 심었습니다. 이를 '그랜트 옥란(玉蘭)'이라고 불렀고, 지금도 볼 수 있습니다. 덧붙여서 중국에서는 태산목을 '옥란'이라고 부릅니다. 키가 20m 정도로 상당히 크게 자라기 때문에 공원과 신사에 심는 경우가 많습니다. 최근에는 작은 원예종으로 사계절 꽃이 피는 태산목도 있는데, 꽃 피는 시기가 길어 즐겁고 상징목으로도 좋을 것 같습니다.

1 가지 끝에 꽃눈이 생겨요. 사진은 잎이 떨어진 겨울의 모습입니다.
2 산이나 숲에서 잎이 가장 큰 나무입니다. 3 잎은 가지 끝에 모여서 붙어 있습니다.

목련과 목련속의 갈잎큰키나무입니다. 별명은 '후박떡갈나무'로 산과 숲 여기저기에서 자라고 있습니다. 암수한그루로 5~6월 무렵에 커다랗고 향기 좋은 꽃이 핍니다. 열매는 가을에 익고 안에서 빨간 씨앗이 나옵니다. 알렐로파시(allelopathy, p.63 참조)가 강해 아래에 있는 풀들이 자라기 어려운 게 특징입니다. 꽃도 잎도 커서 산길을 걷다가 커다란 잎이 떨어져 있으면 대부분 일본목련의 잎입니다. 옛날에는 이 커다란 잎으로 먹을 것을 싸거나 접시로 이용했습니다. 히다타카야마(飛騨高山, 일본 기후(岐阜) 현의 산)의 향토 요리인 '호바미소(朴葉味噌)'와 '호바스시(朴葉寿司)'가 유명합니다. 목재는 무르기 때문에 가공하기 쉬워 신발이나 제도판, 조각 등 다양한 용도로 쓰입니다. 나무껍질은 말려 생약의 원료로 쓰기도 합니다.『만엽집』에도 두 곳에서 읊어지고 있는 걸 보면 예로부터 친근한 나무였던 것 같습니다. 꽃시장에서는 볼 수 없지만, 인터넷 시장에서 묘목을 팔고 있는 것을 발견했습니다. 넓은 마당이 있다면 심어보고 싶습니다.

1 장식화가 동그란 형태로 피는 '옥수국'. 진짜 꽃은 바깥에서 보이지 않아요. 2 액수국. 3 액수국의 열매.
4 장식화에 가려진 진짜 꽃.

범의귀과 갈잎작은키나무로 키는 2m 정도 자랍니다. 별명은 '칠변화(七変化)' '팔선녀(八仙女)' 등이 있는데 암수한그루로 초여름에 꽃이 피고 겨울에는 잎이 떨어집니다. 공원, 정원, 신사 등에 심기는 인기 좋은 꽃으로 꺾꽂이로 간단하게 번식시킬 수 있습니다. 액수국을 원종(原種)으로 관상용 원예 품종이 만들어졌고 이른바 구슬 모양의 수국을 '수국'이라고 부르는 경우가 많습니다. 또한 서양 수국은 '하이드란지아(Hydrangea)'라고 부르며 구분하고 있습니다. 꽃(정확하게는 장식화의 꽃받침)의 색은 토양의 산성도에 따라서 바뀝니다. 최근에는 놀랄 만큼 많은 품종이 있어 꽃 색깔이나 생김새도 풍부합니다. 『만엽집』에 나오고 있기 때문에 꽤 오래전부터 알려져 있던 것 같습니다. 시볼드(Philipp Franz Jonkheer Balthasar van Siebold, 1796~1866, 의사이자 박물학자)가 쓴 『일본 박물지』라는 책에서 일본의 수국을 'Hydrangea otaksa'로 소개하고 있습니다. 'otaksa'는 시볼트가 사랑했으며 수국을 좋아했던 나가사키(長崎)의 여성 '타키(お滝さん)'를 기리며 붙였다는 설이 유력합니다만, 실제로는 확실하지 않습니다.

65 참오동나무 (桐)(동)

학명
Paulownia tomentosa
오동나무과 오동나무속

영문명
karri tree, princess tree

공터에서 발견한 커다란 잎

땅 팝니다

흔히 '오동나무 장롱' 할 때 '오동나무'예요.

땅 팝니다

이걸 자르고 자르고 또 자르고 잘라도 계속 자라요.

정말 강하네요.

그리고 또 잘려 있었다.

하지만 또 자라나네.

꽃

5~6월 무렵 보라색 향기 좋은 꽃이 핍니다.

날개가 붙은 씨앗이 많이 들어 있어요.

열매는 가을에 익어요.

비슷한 나무 - 벽오동

비슷하지만 과가 달라요.

잎

벽오동 = 벽오동과
참오동나무 = 오동나무과

덤으로

화투의 12월에 나오는 '오동나무에 봉황'

토요토미 히데요시(豊臣秀吉) 가문의 상징인 오동나무 꽃

1 벽오동의 열매는 가을에 다 익으면 갈라지면서 안에 있는 씨앗이 나옵니다.
2 어린 참오동나무.
3 벽오동의 열매, 씨앗이 3개 붙어 있습니다.
4 어린 나무의 커다란 잎!

오동나무과 오동나무속의 갈잎큰키나무로 암수한그루에 5~6월 무렵 보라색 꽃이 핍니다. 가을에 열매가 익으면 갈라져서 씨앗이 나옵니다. 공원이나 정원 등에 많이 심겨 있고, 산과 들, 도시에서도 저절로 나고 자랍니다. 어린나무의 잎도 아주 커다래서 금세 눈에 띕니다. 이나무, 벽오동 등 생김새나 이름이 비슷한 나무는 많지만, 모두 과(科)가 다릅니다. 목재는 습기에 견디는 힘이 강해서 선반이나 가구, 나막신, 악기 등 폭넓게 쓰이고 있습니다. 빨리 자라기 때문에 옛날에는 여자아이가 태어나면 참오동나무를 심어서 시집갈 때 장롱을 만들어 가져가도록 했다네요. 참오동나무 문양은 여권, 500엔 동전, 총리대신의 상징 문양 등으로 쓰이고 있습니다. 너무 크게 자라기에 정원수로는 맞지 않는 탓인지 꽃시장에서는 거의 볼 수 없는 나무입니다.

66 협죽도(夾竹桃/협죽도)

학명 *Nerium oleander*
협죽도과 협죽도속

영문명 oleander

협죽도는 특이하게 잎사귀가 한 곳에서 3장이 나오는 삼륜생이에요.

치자나무도 그래요.

하지만 치자나무는 꼭두서니과 잖아.

※ 치자나무는 삼륜생도 있고 마주나기도 합니다.

잎이 대나무를 닮았고 꽃이 복숭아를 닮아서 '협죽도'

가을이면 꼬투리가 갈라져 씨앗이 날아갑니다.

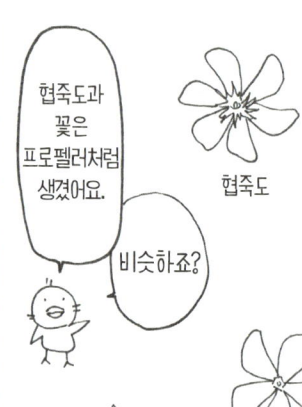

협죽도과 꽃은 프로펠러처럼 생겼어요.

협죽도

비슷하죠?

페리윙클

마삭줄

주의

가지치기 작업을 할 때는 조심하세요.

자르면 하얀 유독성 수액이 나와요.

고무장갑

하나후쿠 메모

작년에 묘목을 들여왔더니 의외로 인기가 많아서 깜짝 놀랐어요.

142

1 꽃 한가운데에 활랑발랑 하는 돌기(부하관, 작은 꽃부리 등과 같은 화관의 부속기관)가 있고 수술은 끝이 비틀어져 다발로 되어 있어요. 2 프로펠러처럼 생긴 꽃의 모습. 3 삼륜생(한 곳에서 잎이 3장 나옴)인 잎의 모습.

협죽도과의 늘푸른나무로 인도부터 지중해가 원산지이며 일본에는 에도(江戸) 시대(1603~1867년) 중기에 들어왔습니다. 암수한그루로 초여름에서 초가을까지 오랫동안 꽃을 피웁니다. 꽃 색깔은 분홍, 하양, 노랑에 겹꽃도 있습니다. 정원에 심는 나무로도 인기가 많고 꺾꽂이로 간단히 번식시킬 수 있습니다. 협죽도라는 이름은 잎이 대나무와 비슷하고 꽃이 복숭아나무와 비슷해서 붙여진 것 같습니다. 성질이 강인해서 건조하고 대기오염이 심한 고속도로, 길가를 비롯해 공원 등에 많이 심어져 있습니다.

67 배롱나무 (猿滑猿滑 / 百日紅 백일홍)

학명: *Lagerstroemia indica*
부처꽃과 배롱나무속

영문명: crape myrtle

배롱나무 꽃은 재미있습니다.

꽃

좌우 교대로 2장씩 신기하게 잎이 붙어 있어요.

상산형 잎차례

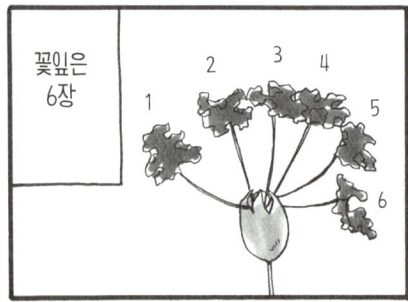

꽃잎은 6장

1 2 3 4 5 6

그림과 달리 마주나기 하는 것도 있으니 찾아보세요.

두 종류의 수술

보라색 긴 수술 6개(교배용)

암술

노란색 짧은 수술(곤충용)로 꽃가루가 있어요.

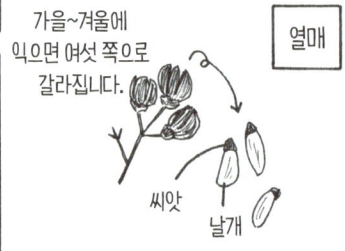

열매

가을~겨울에 익으면 여섯 쪽으로 갈라집니다.

씨앗　날개

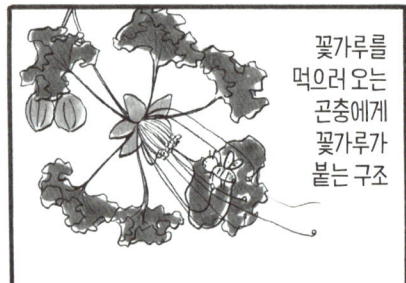

꽃가루를 먹으러 오는 곤충에게 꽃가루가 붙는 구조

하나후쿠 메모

화분은 여름에 나와요.

꽃 색깔은 하양과 분홍도 있답니다.

1 반질거리는 게 특징인 줄기.
2 겨울에 잎이 진 다음의 열매.
3 날개가 붙어 있는 씨앗은 바람에 날아갑니다.
4 짧은 수술과 긴 수술의 모습.
5 꽃은 여름 내내 오랫동안 피어 있습니다.
6 잎이 진 겨울의 모습.

부처꽃과 배롱나무속 갈잎나무입니다. 암수한그루로 초여름부터 초가을 무렵까지 오랫동안 꽃을 피워 '백일홍(百日紅)'이라고도 불립니다. 가을에 익은 열매는 새들이 좋아하는 먹이입니다. 우리 집 근처에서는 직박구리와 참새가 시끄럽게 모여들어 열매를 쪼아 먹습니다. 원숭이도 미끄러질 정도로 미끌미끌한 줄기가 특징입니다. 중국이 원산지로 일본에는 가마쿠라(鎌倉) 시대(1180~1333년)보다 이전에 들어왔다고 알려져 있습니다. 공원과 정원에 심는 나무로 인기가 많습니다. 꽃 색깔은 빨강, 분홍, 하양이고 겹꽃도 있습니다. 목재는 단단하고 조직이 치밀해서 가구나 토목 재료, 배 등을 만들 때 쓰입니다. 햇볕이 잘 들지 않는 곳에서는 꽃이 잘 안 피기 때문에 햇볕이 잘 드는 곳에서 키워주세요. 만화에도 그렸지만 꽃의 생김새가 매우 재미있으니 꽃을 보게 되면 꼭 관찰해보셨으면 좋겠습니다.

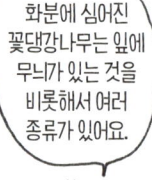

1 꽃이 진 후에 남아 있는 붉은빛의 꽃받침이 꽃처럼 보입니다. 2 달콤한 향기 때문에 곤충이 많이 모여듭니다.

인동과 댕강나무속의 반(半) 늘푸른작은키나무로 도쿄 시내에서는 거의 늘푸른나무입니다. 키는 1~3m 정도 자랍니다. 일반적으로 '꽃댕강나무'라고 부르는 것은 중국이 원산지인 중국댕강나무 종과 댕강나무의 잡종으로 꽃송이가 큽니다. 초여름부터 가을까지 향기 좋은 하얀 꽃이 핍니다. 이 꽃은 곤충에게 아주 인기가 좋은데, 특히 줄녹색박각시는 반드시 오니 잘 살펴보세요. 가지치기해도 튼튼하게 잘 자라며 한여름 꽃이 적은 시기에도 꽃을 잘 피워 공원이나 울타리, 주차장 등에 잘 심습니다. 최근에는 아파트 단지에도 점점 많이 심고 있습니다. 잎 색깔이 예쁜 원예 품종도 많고 화분은 여름에 주로 나옵니다.

69 누리장나무 (臭木/취목)

학명: *Clerodendrum trichotomum* 마편초과 누리장나무속

영문명: glory-bower, kashimir-bouquet, tubeflower

근처에 꽃누리장 나무를 심은 집이 있었는데

보기 드문 게 있네.

점점 자라더니

저렇게 엄청나게 자라면 주변에 방해되지 않으려나.

어느 순간 빈터가 되어 버렸습니다.

역시 ※누리장 나무 종류였어.

땅 팝니다

※ 빈터에 가장 먼저 빠르게 자라는 나무로 선구수종(pioneer tree)

한약 같은 향기

잎에서 독특한 냄새가 납니다.

어린싹은 먹을 수 있다고 하지만 별로 먹고 싶은 마음이 들지 않아.

꽃

빨간 꽃받침이 눈에 띄어요.

가을에 익은 열매는 파란색 염료가 되지요.

옥색

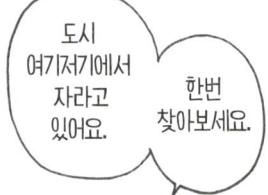

도시 여기저기에서 자라고 있어요.

한번 찾아보세요.

1 미키마우스 트리(Ochna serrulata, 오크나 세르룰라타)의 열매와 비슷합니다. 선명한 빨간색 꽃받침이 눈에 띠네요.
2 누리장나무의 꽃으로 긴 수술이 특징입니다.

마편초과 누리장나무속의 갈잎나무로 암수한그루입니다. 키는 2~6m 정도 자라고 여기저기에서 저절로 나서 자라는데 도시 내 빈터나 공원 등에서도 잘 자랍니다. 털이 있는 하트 모양의 잎사귀가 눈에 띱니다. 잎에서 독특한 냄새가 나서 싫어하기 쉽지만 여름에 피는 꽃은 의외로 귀엽습니다. 열매는 진한 금속성 파란색으로 빨간 꽃받침과 잘 어울려 아름답습니다. 이 열매를 천연염색 재료로 사용하면 아름다운 색깔로 물들일 수 있습니다. 빨간 꽃으로 덩굴성인 '클레로덴드럼 스플렌덴스(Clerodendrum splendens)'나 분홍 꽃으로 수국처럼 둥근 모양으로 피는 꽃누리장나무도 누리장나무의 한 종류입니다. 꽃집 근처 빈터에 누리장나무가 모여 자라고 있는데, 해가 갈수록 퍼지고 있습니다. 자르고 잘라도 퍼지는 걸 보니 번식력이 엄청납니다..

1 씨앗에는 모히칸처럼 털이 나 있습니다. 2 하이비스커스와 생김새가 비슷해요. 3 위로 뻗은 생김새를 한 나무의 모습.

아욱과 부용속의 갈잎작은키나무로 별명은 '키하치스' '하치스' 등이 있습니다. 키는 2~4m 정도 자라는 암수한그루로 여름부터 가을에 걸쳐 부용(하이비스커스)와 비슷한 생김새의 꽃을 피웁니다. '무궁화 꽃은 하루의 영화('일장춘몽'과 비슷한 뜻)'라는 말이 있지만 꽃은 아침에 피어 저녁에 지는 것을 여러 날 계속 반복합니다. 가을부터 겨울이 될 때까지 열매가 갈라지고 씨앗이 바람에 날려 여기저기 뿌려집니다. 잎은 세 갈래로 갈라진 것과 아닌 것이 있습니다. 인도와 중국이 원산지로 나라(奈良) 시대(710~794년)에 중국에서 들어왔다고 알려졌는데 바쇼(松尾芭蕉, 일본의 하이쿠 시인, 1644~1694년)의 시 '길가에 핀 무궁화는 말에게 먹혀버렸네.'를 보면 에도(江戶) 시대에는 길가에서도 자랐다는 걸 엿볼 수 있습니다. 꽃꽂이용 꽃으로도 인기가 높습니다. 정원이나 울타리에 많이 심고 하얀색, 분홍색부터 푸른빛의 꽃 색깔까지 품종이 다양합니다. 여름에는 화분이 많이 나옵니다. 부용과 비슷해서 구분하기 어렵다는 말을 손님들께 많이 듣는데, 만화에 구분법을 그려놓았습니다. 무궁화는 부용보다 꽃과 잎이 작고 잎도 다르게 생겨 쉽게 구분할 수 있습니다.

71

치자나무 (梔子/치자)

학명: *Gardenia jasminoides*
꼭두서니과 치자나무속

영명: Cape jasmine, common gardenia

밤에 향기를 내는 치자나무는 나방과 나비에게 인기가 좋아요.

하지만 줄녹색박각시의 애벌레에게는 식탁이 되지요.
냠냠냠
엄청나게 먹는구나.

옛날 집에서 같이 살던 고양이가
우물 우물

갖다 놓고 와.
됐어, 됐어.
줄까?
틱틱

꽃

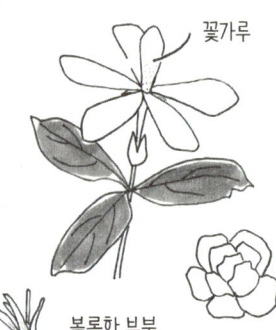
피기 전에 암술에 꽃가루를 묻히는 수술
꽃가루
볼록한 부분
안에는 씨앗이 있어요

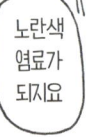
겹꽃은 열매가 생기지 않아요.

노란색 염료가 되지요

꽃꽂이 재료도 돼요.

단무지

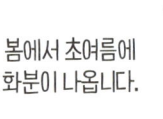
밤 과자

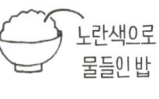
노란색으로 물들인 밥

하나후쿠 메모

봄에서 초여름에 화분이 나옵니다.

1 겹꽃 치자나무로 바깥에서는 암술과 수술이 보이지 않습니다. 2 어린 열매의 모습. 3 잎자루가 붙어 있는 곳에 있는 턱잎(탁엽). 4 잎은 줄녹색박각시 애벌레의 식탁.

꼭두서니과 치자나무속의 늘푸른작은키나무로 키는 3m 정도 자랍니다. 시즈오카(静岡) 서쪽의 따뜻한 곳에서 저절로 나서 자라는 것 외에도 칸도(関東) 지방 남쪽에서는 정원이나 공원에 심겨 있습니다. 암수한그루로 초여름에 재스민처럼 좋은 향기가 나는 하얀 꽃이 핍니다. 홑꽃과 겹꽃이 있고 홑꽃의 열매는 노란색 염료가 될 뿐만 아니라 생약과 한약의 원료 및 꽃꽂이 재료로도 쓰입니다. 겹꽃은 열매가 없지만 꺾꽂이로 간단히 번식시킬 수 있습니다. 곤충에게 매우 인기가 높고 특히 엄청나게 커다란 줄녹색박각시 애벌레가 달라붙는 게 곤란한 점입니다. 이 애벌레는 식욕 또한 엄청나답니다.

72 병솔나무

학명 *Callistemon speciosus*
도금양과 병솔나무속

영문명 bottlebrush

산불을 이용하는 나무

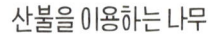

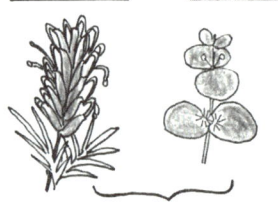

산불이 꺼진 후에 비가 내리면 싹이 틉니다.

1 솔(brush)의 털 같은 빨간 부분은 수술대로 꽃차례 끝에서 가지가 뻗어 나옵니다. 2 열매는 가지에 붙어 있습니다.
3 타오를 것 같은 꽃의 모습이 박력 넘칩니다.

도금양과 병솔나무속의 늘푸른나무로 암수한그루입니다. 별명은 '칼리스테몬' '금옥수(金宝樹)' 등이 있습니다. 오스트레일리아가 원산지로 초여름에 솔처럼 생긴 꽃을 피웁니다. 튼튼하고 키우기 쉬우며 최근에 정원수로 서서히 인기를 끌고 있습니다. 빨간색 꽃이 많이 알려졌지만 분홍이나 하얀 꽃도 있습니다. 오스트레일리아와 뉴질랜드가 원산지인 나무는 개성이 넘치고 재미있게 생긴 것들이 많은데, 유칼립투스, 호프씨 나무 등도 천천히 인기를 얻고 있습니다.

73 부겐빌레아

Bougainvillea
꽃홍과 부겐빌레아속

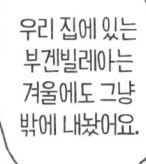
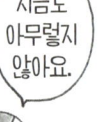

1 한가운데 하얀 부분이 진짜 꽃! 꽃이 진 다음에도 포는 한동안 남아 있습니다. 2 포가 꽃처럼 열리고 나서야 가운데 있는 꽃이 핍니다. 3 도시에서는 늦은 가을까지도 오랫동안 피어 있습니다.

분꽃과 부겐빌레아속의 열대성 덩굴성 늘푸른나무입니다. 덩굴성이라 해도 감지는 않고 다른 나무나 벽에 기대어 자랍니다. 중앙아메리카에서 남아메리카가 원산지인 열대성이지만 칸도(関東) 지방의 남쪽에서는 처마 밑이나 차가운 바람이 닿지 않는 곳이라면 겨울을 보낼 수도 있습니다. 화분에 심은 것은 겨울에 잎이 약간 떨어지지만 땅에 심은 것은 풍성한 느낌 그대로 집을 감쌀 정도로 커다랗게 자라는 걸 가끔 보았습니다. 꽃으로 보이는 것은 '포(苞)'로 노랑, 오렌지, 보라색 등이 있습니다.

나무

(가을, 겨울)

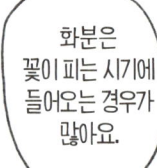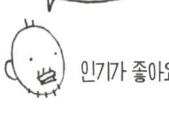

1 도시에서는 최근 몇 년간 9월 하순에 꽃이 피기 시작했습니다. 2 봄에 자란 새싹에 꽃눈이 생기고 가을에 꽃이 핍니다.

물푸레나무과 목서속의 늘푸른나무로 암수딴그루입니다. 키는 6m 정도 자라고 오렌지색의 작은 꽃이 향기는 가을을 대표하는 향기입니다. 중국이 원산지로 일본에는 에도(江戶) 시대(1603~1867년)에 들어왔습니다. 일본에는 거의 잡종밖에 없지만 열매를 맺지 않기 때문에 꺾꽂이로 번식합니다. 따라서 같은 성질을 가진 클론 묘목이므로 같은 시기에 꽃이 피기 시작하는 경우가 많습니다. 두 번째 꽃은 2~3주 후에 살그머니 피어나니 놓치지 마세요. 하얀 꽃이 피는 '은목서'와 옅은 오렌지 색깔의 '박황목서(薄黃木犀, 우스기모쿠세이)'도 같은 과입니다. 가지치기해도 잘 견디고 튼튼하기 때문에 정원과 공원에 많이 심습니다. 가지치기하지 않고 그대로 놔두면 커다랗고 둥근 모양이 됩니다. '금목서' '서향' '치자나무'를 '향이 나는 3대 나무'라고 합니다.

75 작살나무 (紫式部/자식부)

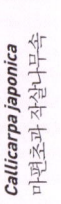

Callicarpa japonica
마편초과 작살나무속

beautyberry, Japanese beautyberry

어느 날 (3층) 베란다에 있는 화분에서 정체 모를 풀이 자라고 있었습니다.

꽃가게에서 팔고 있는 '작살나무'는 대부분 '좀작살나무'예요. 열매가 잘 달리죠.

이게 뭘까? 본 적 있는 것 같기도 하고. 잎사귀 질감은 병꽃나무랑 비슷한데.

좀작살나무
잎이 붙은 자리에서 꽃차례가 나옵니다.
드문드문함.

작살나무다! 점점 자라니 알 수 있었어요.

작살나무
반 정도는 톱니
줄기에서 꽃차례가 나옵니다.
빽빽함.

맨 처음에는 잎사귀가 동그스름해서 잘 몰랐어. 누가 갖고 왔을까? 나는 직박구리
저는 동박새예요

꽃
초여름에 옅은 분홍색 꽃이 핍니다.
열매는 가을에 익고 보라색.

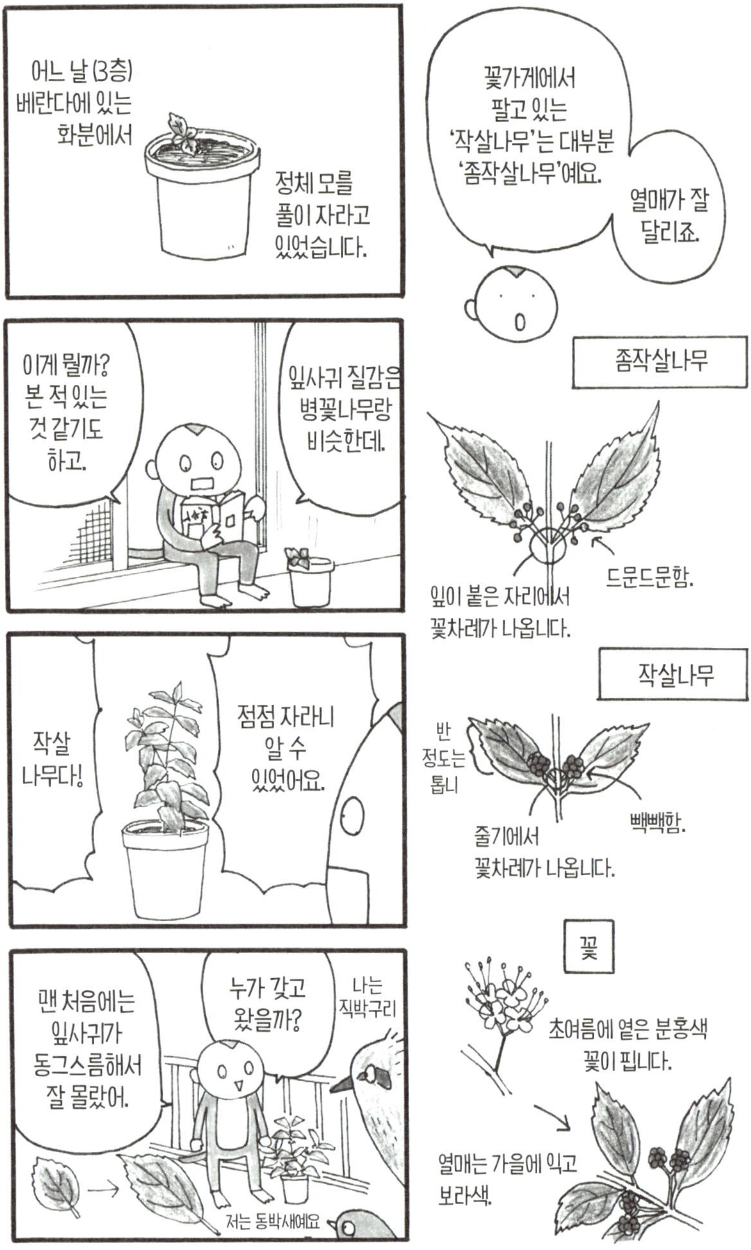

1 작살나무의 잎은 전체에 톱니가 있고 좀작살나무는 위쪽 반 정도만 톱니가 있습니다. 2 좀작살나무의 꽃.
3 좀작살나무의 열매가 좀 더 빽빽하게 붙어 있습니다.

마편초과 작살나무속의 갈잎작은키나무로 암수한그루입니다. 키는 2~4m 정도 크는데 홋카이도(北海道) 남쪽부터 오키나와(沖繩)에 걸쳐 저절로 나서 자라며 정원에도 많이 심습니다. 꽃가게에서 작살나무로 팔리고 있는 것은 '좀작살나무'로 작살나무보다 열매가 둥글고 빽빽하게 달리며 잎과 키도 약간 작습니다. 좀작살나무도 혼슈(本州) 아래쪽에서 저절로 나서 자라고 있습니다. 작살나무와 좀작살나무에도 하얀 열매를 맺는 품종이 있습니다. 가을이면 열매가 달린 작살나무(좀작살나무)를 화분으로 팔기도 합니다.

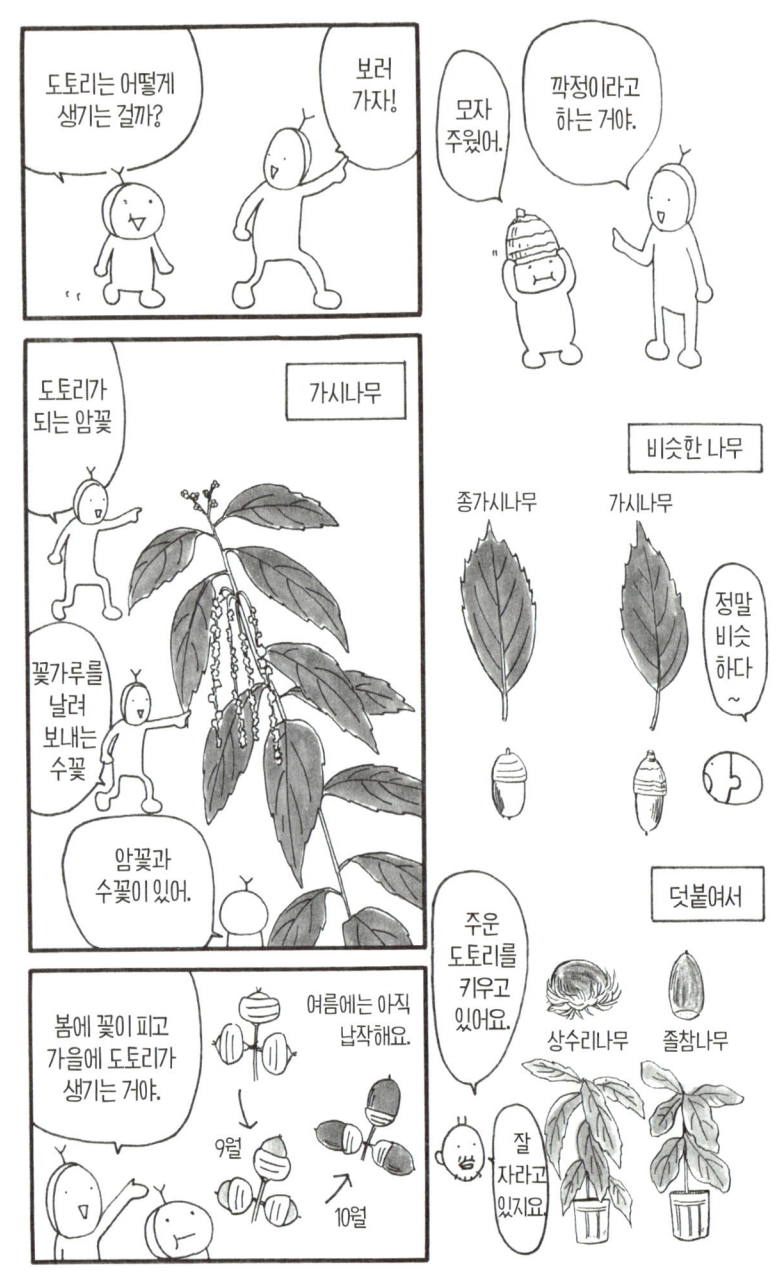

1 졸참나무는 봄에 꽃이 피고 가을에 도토리가 익습니다. 떨어진 다음에도 수분이 있으면 금세 싹이 틉니다.
2 가시나무의 도토리. 3 졸참나무의 도토리. 4 가시나무의 잎사귀.

참나무과 졸참나무속의 늘푸른큰키나무로 암수한그루입니다. 도호쿠(東北, 일본의 동북지방을 뜻함) 남부부터 규슈(九州) 지방의 낮은 산과 숲에서 저절로 나서 자라고 있습니다. 가끔 아주 커다랗게 자라기도 해서 천연기념물로 지정받은 것도 있습니다. 이름의 유래는 '붉가시나무'와 비교하면 나무가 하얗기 때문에 그런 것 같습니다. 병에 잘 걸리지 않고 튼튼해서 정원이나 공원의 나무, 가로수, 울타리, 방풍림으로도 많이 쓰입니다. 칸도(関東) 지방에서는 아파트의 입구 부분에도 잘 심는 것 같습니다. 봄에 꽃이 피고 가을에 도토리가 열리지만 어린나무에서 열매가 열리는 건 거의 못 봤습니다. 어느 정도 자라는 햇수가 필요한 건지도 모르겠습니다.

1 은행나무 단풍이 노란색인 이유는 잎에 들어 있는 카로티노이드라는 색소 때문입니다. 2 단근체. 3 은행.

은행나무과 은행나무속의 겉씨식물로 암수딴그루입니다. 봄에 꽃이 피고 가을에는 암나무에 은행이 열립니다. 중국이 원산지인 갈잎큰키나무로 일본에는 무로마치(室町) 시대 (1336~1573년)에 이미 재배되었다는 기록이 있습니다. 가끔 아주 크게 자라기 때문에 천연기념물로 지정되었거나 신사의 신목(神木)으로 떠받드는 나무도 많습니다. 길가나 공원에도 심겨 있지만 은행의 바깥 껍질이 악취를 풍기기 때문에 가로수로는 수나무만 심는 경우가 늘고 있는 듯합니다. 은행은 중독될 수도 있기에 많이 먹지 않는 게 좋습니다. 나무는 건축 자재나 가구, 바둑이나 장기판, 도마 따위를 만드는 데 쓰입니다.

78 가래나무 (鬼胡桃/귀호도)

학명: *Juglans mandshurica* var. *sachalinensis*
가래나무과 호두나무속

영명: Japanese walnut

가래나무를 볼 때마다 생각나는 건

아~ 먹고 싶다!
누군가가 따서 쪼개줘.
견과류 좋아함

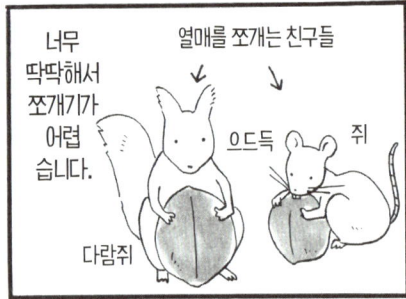

너무 딱딱해서 쪼개기가 어렵습니다.
열매를 쪼개는 친구들
으드득
다람쥐 쥐

강가나 물가에 잔뜩 자라고 있는 걸 보면
흘러가다가 자리를 잡고 싹이 트는 건지도 몰라요.
발아율이 높거든요.

꽃

꽃잎이 없는 암꽃
늘어져 있는 수꽃
꽃가루를 날려요

딱딱한 껍질
과육

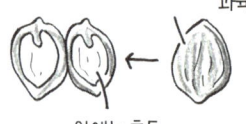

안에는 호두

씨앗의 떡잎 부분을 먹는 거예요.

쓰임새

구식 소총
옛날에는 총상(금속 부분 외의 목제 부분)에 쓰였다고 합니다.

그릇

탁자

옷장

1 가래나무의 열매. 녹색 부분은 과육으로 땅에 떨어진 다음 썩으면 딱딱한 껍데기가 나옵니다.
2 잎이 떨어진 자리가 양의 얼굴 같습니다. 3 수꽃의 꽃차례는 늘어져 있습니다.

가래나무과 호두나무속의 갈잎큰키나무로 암수한그루입니다. 홋카이도(北海道)부터 규슈(九州)의 산까지 저절로 나서 자라고 골짜기나 연못가, 강가 등에서도 많이 자랍니다. 봄에 피는 꽃은 길고 녹색인 꽃이삭이 수꽃으로 꽃가루를 날리는 풍매화입니다. 암꽃은 꽃잎이 없고 암술머리가 빨간 신기한 생김새를 하고 있습니다. 커다란 날개처럼 생긴 겹잎과 이 신기한 꽃을 보면 금세 가래나무란 걸 알 수 있습니다. 가을에는 호두가 들어있는 열매가 익습니다. 일반적으로 견과류로 팔고 있는 호두는 서양호두(Juglans regia L, 한국에서 말하는 서양호두인 일명 피칸과는 다른 종류)로 껍질이 얇고 쉽게 쪼갤 수 있습니다. 별명은 '페르시아 호두' '박피 호두' 등이 있습니다. 반면 가래나무의 열매는 껍데기가 두꺼워 쪼개는 게 엄청나게 힘듭니다. 신석기시대의 유적에서 가래나무의 열매가 출토된 것으로 보아 옛날부터 먹었다는 걸 알 수 있는데, 과연 옛 사람들은 어떻게 쪼갰을까요? 근처 타마강(多摩川, 일본 도쿄를 가로지르는 123km의 강)의 둔치에도 많이 심어져 있어 먹어보고 싶지만 녹색 껍데기를 만지면 끈적거리고 손이 까매집니다. 이 껍데기도 딱딱한데, 껍데기를 쉽게 벗기는 방법이 없을까요?

79

남천(南天)

학명: *Nandina Domestica*
매자나무과 남천속

영명: celestial bamboo, heavenly bamboo, sacred bamboo

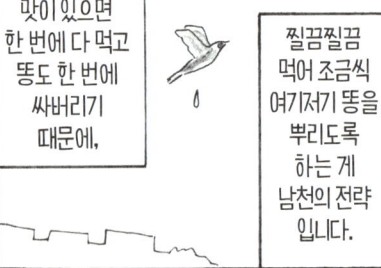

1 가을이 되면 빨갛게 물드는 열매, 늘푸른나무이지만 약간 단풍이 지긴 합니다. 2 빨간 열매는 눈에 띄기 때문에 새들이 금세 발견합니다. 3 단풍이 든 오타후쿠난텐(お多福南天, Nandina domestica cv. Otafukunanten).

매자나무과 남천속의 늘푸른작은키나무로 암수한그루입니다. 키는 2~3m 정도 자란다지만 대부분 그 정도까지 자라지는 않습니다. 초여름에 하얗고 작은 꽃이 피고 늦은 가을에 열매가 빨갛게 물듭니다. 헤이안(平安) 시대(794~1185년)에 중국에서 건너와 칸도(関東) 지방 아래쪽에서 저절로 나고 자랍니다. '難(어려움)転(뒤집다)'('남천'을 일본에서는 '난텐'이라 읽는데, '難転'과 원래 이름 '南天'이 발음이 같음)라고 읽혀 '운이 좋은' 나무가 된 덕분에, 액막이로 문 앞이나 울타리로 많이 심습니다. 잎은 약효가 있어 정식 요리 등을 대접할 때 쓰이고 있습니다. 목재는 젓가락이나 집안의 장식 기둥(일본 방의 한쪽 바닥을 높게 만든 곳의 한쪽 편에 있는 장식 기둥)에 쓰였는데, 금각사(金閣寺) 내 차를 마시는 방 석가정(夕佳亭)의 장식 기둥과 시우제석천(柴又帝釈天, 일본 불교의 한 종파인 '일련종' 사원의 통칭)의 대객전(大客殿) 장식 기둥이 유명합니다. 그늘에서도 잘 자라고 단풍도 아름다우며 가을에 빨갛게 물드는 열매는 새들에게 인기가 좋고, 아무튼 좋은 점이 많아 강력히 추천하는 나무입니다. 화분에서도 잘 자랍니다.

80 감/감나무(柿/시)

학명 *Diospyros kaki* 감나무과 감나무속

영명 kaki, persimmon

감나무는 발아율이 좋아서 씨앗을 심으면 금세 싹이 틉니다.

쑥쑥 자랍니다.

그리고 옮겨 심으면 힘들어 합니다.

나무는 약간 정신 없이 생겼습니다.

그래서 심을 곳을 신중히 생각해야 합니다.

이거 방해 되잖아.

나중에 큰일이 되어요.

꽃 / 수꽃 / 암꽃
아주 많이 핍니다.
감이 됩니다.

떫은 감의 떫은 맛 빼는 법

꼭지를 소주에 담급니다.

비닐봉지에 넣고 일주일 정도 기다립니다.

하나후쿠 메모

저도 먹고 난 감 씨앗을 심었더니 싹이 나왔어요.

손님들에게도 나눠 드렸지요.

1 꽃은 옅은 감 색깔로 병 모양이어서 귀엽습니다. 사진은 수꽃입니다. 2 열매가 물이 들면 가운데 있는 씨앗이 익었다는 표시입니다.

감나무과 감나무속의 갈잎큰키나무로 키는 10m 정도 자랍니다. 암수한그루로 수꽃과 암꽃이 있고 5월 무렵에 꽃이 핍니다. 가을에 열매가 익고 잎이 물들면 그 모습이 예쁩니다. 중국이 원산지로 나라(奈良)시대(710~794년)에 일본에 들어왔다고 전해지는데 정확하지는 않습니다. 혼슈(本州) 남쪽에서 저절로 나서 자라거나 과실수로 재배하고 있습니다. 옛날에는 마당에 심는 집도 많았지만 주택 사정 등으로 최근에는 거의 볼 수 없습니다. 품종이 아주 많아 크게 단감과 떫은 감으로 나눕니다. 떫은 감에서 얻은 떫은 감물은 방부, 방수 작용이 있어 우산이나 부채의 염료 등으로 쓰이고 잎은 살균 작용이 있어 감잎 초밥이나 차 등으로 쓰입니다. '복숭아와 밤은 3년, 감은 8년(桃栗三年柿八年, 무엇이든 열매가 생기기까지는 어느 정도 기다리는 시간이 필요하다)'이라는 속담도 있지만, 심은 지 10년이 된 꽃집 근처의 감나무에는 아직 열매가 열리지 않습니다. 앞으로 몇 년이나 더 걸릴까요?

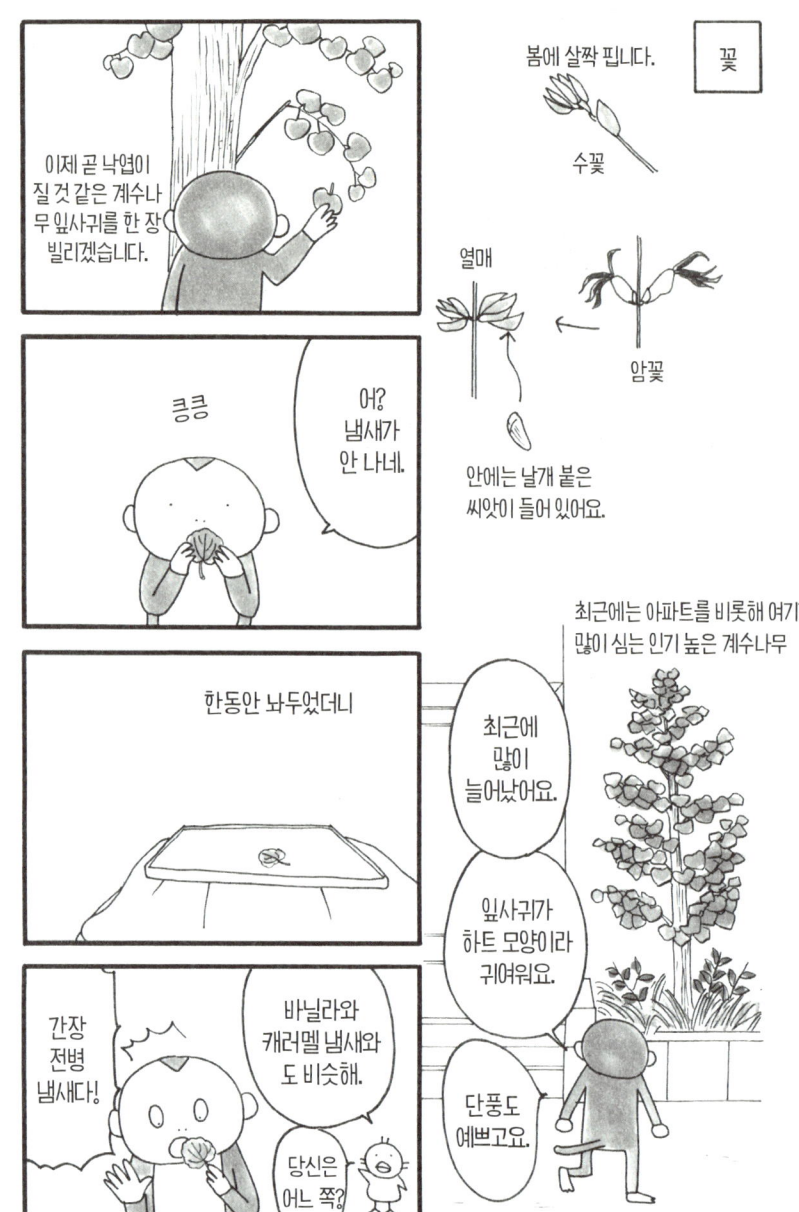

1 어린나무는 삼각추같이 생겼지만 해가 갈수록 줄기가 많아지고 한 포기에서 여러 줄기로 갈라지는 경우도 많습니다.
2 좋은 향기를 내는 낙엽. 3 줄기 하나가 위로 쭉 뻗어서 날씬한 생김새를 자랑합니다.

계수나무과 계수나무속의 갈잎키큰나무로 산 여기저기에서 저절로 나고 자라며 키는 20m를 넘어 꽤 크게 자라기 때문에 일본 곳곳에는 천연기념물인 커다란 계수나무들이 있습니다. 공원이나 길가, 최근에는 아파트와 상업 시설에도 심겨 있는 모습을 많이 볼 수 있습니다. 암수딴그루로 이른 봄에 수포기에 수꽃, 암포기에 암꽃이 핍니다. 열매는 작은 콩처럼 생겼으며 가을에 익는데, 안에는 날개 붙은 씨앗이 들어 있습니다. 하트처럼 생긴 잎사귀가 귀엽고 단풍도 예쁩니다. 잎에서 단 향기가 나므로 잎이 떨어지자마자 꼭 향을 맡아보세요. 목재는 내구성이 뛰어나 건축 자재와 가구, 바둑이나 장기판으로 쓰입니다.

1 늦은 가을에 줄기 끝부분에 꽃차례가 달리는데, 둥근 모양의 산형꽃차례가 모여 만든 커다란 원추꽃차례입니다.
2 아홉 갈래로 갈라진 잎사귀. 3 수술이 눈에 띄는 웅성기의 모양.

두릅나무과 팔손이속의 늘푸른작은키나무로 키는 1~3m 정도 자랍니다. 칸도(関東) 지방에서 오키나와(沖縄)에 걸쳐 저절로 나고 자라며 정원과 공원에도 많이 심습니다. 암수한그루로 겨울에 꽃을 피우고 이듬해 봄에 열매가 검게 익습니다. 새가 옮겨주는 씨앗은 발아율이 높고 도시 여기저기에서도 싹이 틉니다. 말린 잎은 생약의 원료가 됩니다. 잎에 무늬가 있는 화려한 원예종도 있어 가끔 꽃시장에 나오지만 그 수가 적습니다. 그늘에서도 잘 자라고 병충해에도 잘 견디므로 정원에 심는 나무로 추천합니다.

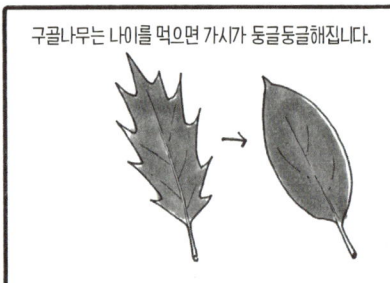

1 어린나무일 때는 열매를 지키기 위해 뾰족뾰족한 잎을 달고 있어요. 가시는 3~5쌍 정도 있습니다.
2 나이를 먹으면서 잎이 둥그렇게 변합니다.

물푸레나무과 목서속의 늘푸른나무로 키는 2~6m 정도 자랍니다. 암수딴그루로 겨울에 하얗고 향기가 좋은 꽃이 핍니다. 꽃이 달리는 순서는 같은 물푸레나무과(科) 금목서와 비슷합니다. 초여름에 익은 열매는 거무스름한 색을 하고 있습니다. 구골나무 잎에 있는 날카로운 가시가 도깨비를 쫓아낸다고 해서 절분에는 구골나무 가지에 정어리의 머리를 꿰어서 장식합니다. 가시가 있는 나무는 나쁜 기운을 물리친다고 해서 뿔남천과 함께 현관 앞에 많이 심습니다. 화분은 빨간 열매가 달린 서양호랑가시나무와 함께 크리스마스 무렵에 나옵니다. 구골나무와 매우 비슷하지만 잎이 약간 둥근 구골나무목서는 구골나무와 금목서의 잡종으로 울타리와 길가에 많이 심습니다. 가을에 하얀 꽃이 피지만 열매는 생기지 않습니다.

1 꽃자루 끝의 꽃잎과 암술을 단 꽃받침이 비대해지면 먹을 수 있는 부분이 됩니다.
2 겨울에 꽃이 핀 다음 초여름에 열매가 익습니다.
3 겨울에 피는 꽃은 곤충들을 부릅니다.

장미과 비파나무속의 늘푸른나무로 키가 3~8m 정도 자랍니다. 암수한그루로 겨울에 꽃이 피고 초여름에 열매가 익습니다. 보통 과일로 재배하지만 정원에 심은 집도 많습니다. 중국이 원산지로 꽤 오래전에 일본에 들어온 것 같은데 정확한 시기는 알 수 없습니다. 이름의 유래도 잎과 열매가 악기 비파와 비슷해서 붙었다는 설을 비롯해 여러 가지가 있지만 확실하지는 않습니다. 규슈(九州)와 시코쿠(四国) 지역처럼 따뜻한 곳에서 재배하고 있지만 도쿄 시내에서도 월동할 수 있습니다. 잎은 차와 생약으로, 열매는 식용으로, 목재는 지팡이와 나무칼 등을 만드는 데에 쓰입니다. 꽃시장에서는 그다지 볼 수 없지만 씨앗을 심어 간단하게 키울 수 있습니다. 다만 성장이 매우 빨라 순식간에 커다래지니 아무쪼록 심을 곳에 신경 써주세요.

1 여름에는 수수한 인상을 주는 녹색의 만량금의 열매도 추워지면 빨갛게 물이 들어 선명해집니다.
2 죽절초는 줄기 끝에서 꽃이 핍니다.

죽절초는 홀아비꽃대과 죽절초속, 만량금은 자금우과 자금우속입니다. 둘 다 늘푸른작은키나무로 키는 1m 정도 자랍니다. 암수한그루로 초여름에 꽃이 피고 겨울에 빨간 열매가 달립니다. 꽃꽂이용 가지나 화분 모두 설날을 꾸미는 재료로 쓰입니다. 구별법은 만화를 참고해주세요. 둘 다 칸도(関東) 지역 아래부터 오키나와(沖縄)의 따뜻한 곳에서 자라지만, 저절로 나고 자라기보다는 정원에 심어져 있는 것이 많습니다. 나무 아래 같은 반그늘을 좋아합니다. 어린 시절에 죽절초를 본 기억이 없어 어머니께 확인해보았더니 역시 제가 어린 시절(1970년대) 죽절초는 우리 집 주변에 없었다고 합니다. 당시는 추웠기 때문에 월동할 수 없었을 겁니다. 요즘에는 겨울이 따뜻해져서 월동을 할 수 있습니다.

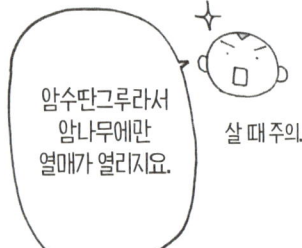

1 열매가 열리지 않는 식나무 수꽃은 3-5월 무렵에 꽃이 핍니다. 2 햇볕에 반짝거리는 늘 푸른 잎의 모습.

층층나무과 식나무속의 늘푸른작은키나무로 암수딴그루입니다. 키는 3m 정도 자라고 도호쿠(東北) 지방부터 오키나와(沖繩)의 숲과 낮은 산에서 저절로 나고 자랍니다. 정원이나 울타리, 공원에도 많이 심습니다. 일본 이름 '청목(青木)'의 유래는 잎도 가지도 파랗기 때문인 것 같습니다. 잎은 소염작용이 있어 민간요법의 약으로 쓰였습니다. 봄에 꽃이 피고, 가을 무렵부터 빨간 열매가 달립니다. 열매는 암나무에만 달리기 때문에 살 때 주의해주세요. 암나무가 갖고 싶다면 열매가 달려 있을 때 사던가, 꽃으로 구분하여 사는 수밖에 없습니다. 잎에 무늬가 있는 종류를 비롯해 원예품종도 많고 그늘에서도 튼튼하게 잘 자라 초보자에게 매우 추천하는 나무입니다. 요즘 널리 퍼져 있는 서양풍의 집에는 그다지 어울리지 않는 것(그런 게 따로 있다고 생각하지는 않지만) 같습니다. 지금은 별로 인기가 없지만 앞으로 인기가 높아질 날을 기대해봅니다.

1 동백나무는 꽃이 통째로 톡 떨어지고 꽃이 진 자리에 열매가 생깁니다.
2 산다화는 꽃잎이 팔랑팔랑 흩날립니다.
3 산다화는 동백꽃과 비슷합니다.
4 잎을 빛에 비추어보았을 때 잎맥이 짙은 녹색으로 보이면 산다화(왼쪽).
5 잎맥이 밝은 줄들로 보인다면 동백나무(오른쪽)입니다. 다만 산다화와 동백나무의 잡종도 있으니 주의해주세요.

동백나무는 차나무과 동백나무속 늘푸른나무의 총칭입니다. 수춘(藪椿, 야부츠바키), 설춘(Camellia rusticana, 유키츠바키)을 비롯해 재배 품종이 많습니다. 암수한그루로 꽃이 피는 시기는 겨울부터 봄 사이에 피는 종류와 봄부터 피는 종류 등 품종에 따라 다릅니다. 신석기시대부터 동백나무 목재가 출토된 걸 보면 꽤 오래전부터 쓰인 것 같습니다. 품종 개량도 많이 이루어져 에도(江戸) 시대(1603~1867년)에는 큰 유행이기도 했습니다. 씨앗은 동백기름으로, 목재로는 공예품과 도장, 장기 말 등으로, 불에 타고 남은 재는 매염제(섬유를 염색할 때 쓰는 매개 물질) 등으로 다양하게 쓰이고 있습니다. 동백나무와 산다화는 품종이 많아 구별하기 쉽지 않으나 대략 구분하는 방법은 만화를 참고해주세요. 아무쪼록 차독나방에 조심해 주시고 특히 봄, 가을, 자주 나타나는 시기에는 더욱 신경 쓰고 점검해주세요.

원예종

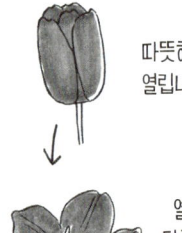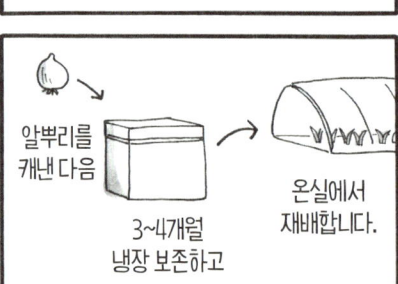

1 문댄스 튤립(품종명).
2 카이제린 마리아 테레지아
3 튤립 원종 계통(타르다, tarda)
4 이렇게 키가 작은 품종도 있습니다.
5 여러 색깔의 튤립이 함께 모여 있어도 재미있습니다.

백합과 튤립속의 알뿌리성 여러해살이풀입니다. 지중해 연안에서 중앙아시아가 원산지이고 네덜란드의 국화입니다. 일본에는 에도(江戶) 시대(1603~1867년) 후기에 들어왔지만 본격적으로 재배하기 시작한 때는 다이쇼(大正) 시대(1912~1926년)가 시작하고 나서부터입니다. 색깔도 다양하고 홑꽃, 겹꽃, 술 장식처럼 피는 꽃 등 품종이 매우 다양하며 지금도 해마다 새로운 품종이 나오고 있습니다. 꽃꽂이에 쓰는 꽃은 12월 무렵부터 나오기 시작해서 추운 방에 두면 꽤 오랫동안 즐길 수 있습니다. 화분으로는 싹이 튼 것은 이른 봄부터, 꽃봉오리 맺힌 것은 봄에 많이 나옵니다. 튤립은 꽃이 진 다음 씨앗이 생기지만 싹이 트고 나서 꽃이 피기까지 5년 정도 걸리기 때문에 알뿌리로 키우는 것이 일반적입니다. 옛날부터 끊임없이 인기가 좋은 꽃입니다.

89 장미 (薔薇/장미)

학명: *Rosa*
장미과 장미속

영문명: rose

세계의 장미

국산이 가장 많지만, 수입하기도 합니다.

네덜란드 / 한국 / 인도 / 콜롬비아 / 베트남 / 에쿠아도르 / 케냐

장미가 꺾여 버렸어요.

꽃병에 꽂았어요.

적옥토에 꺾꽂이 해두었더니,

이듬해에 꽃이 피었습니다.

제법 잘 자라요.

꽃꽂이할 때 마음에 드는 장미꽃은 꺾꽂이 해보세요.

장미 이모저모

꽃꽂이용 꽃은 일 년 내내 있어요. 품종도 많고요.

둥그렇게 피는 꽃 (기본)

찔레꽃 열매도 꽃꽂이할 때 인기 재료입니다. (가을~겨울)

한 가지에 여러 송이로 피는 꽃

화분도 인기가 많아요.

묘목 / 화분

192

1 꽃이 일 년 내내 피는 튼튼한 덩굴장미 '안젤라'.
2 장미 '반들가시나무'.
3 장미 '레오나르도 다 빈치'.
4 장미 '천진을녀'(天津乙女).

장미과 장미속의 갈잎작은키나무(일부, 늘푸른나무도 있음)의 총칭으로 북반구의 따뜻한 지역에 저절로 자라는 종류가 많긴 하지만 전 세계 여러 곳에서 재배하고 있습니다. 『만엽집』에서도 읊어지고 있는 것으로 보아 일본에는 꽤 오래전부터 알려진 듯합니다. 헤이안(平安) 시대(794~1185년)의 문헌에는 '장미'라는 이름으로 적혀 있고, 에도(江戶) 시대(1603~1867년)에는 폭넓게 재배되어 '우키요에'(浮世繪)에도 그려지고 있습니다. 메이지(明治) 시대(1868~1912년) 이후 서양 장미를 재배하는 일이 성행하여 지금은 하우스 재배로 일 년 내내 장미를 보고 살 수 있게 되었습니다. 야생종과 원예종을 합하여 품종이 매우 많고 꽃이 피는 시기도 한 해에 한 번 피는 것과 여러 번 피는 것 등 다양합니다. 일본에 자생하는 야생종은 찔레꽃과 해당화 등 십수 종류가 있습니다. 꽃꽂이용과 화분 모두 인기가 좋습니다. 꽃뿐만 아니라 장미 열매인 로스힙(rose hip)은 허브차나 민간약으로, 장미꽃에서 추출한 장미 오일은 향수나 화장품의 향료로 쓰입니다. 장미 품종도 유행이 있어 해마다 미묘하게 변하고 있습니다. 다음에는 어떤 품종을 만날 수 있을지 기다려집니다.

90 거베라

화명 | *Gerbera* 국화과 거베라속

영문명 | Transvaal daisy

화분에 심은 거베라는 이런 느낌입니다만

품종과 만드는 법의 차이일까요?

꽃꽂이용 거베라는 줄기가 길어요.

출하할 때 한 송이씩 공기가 잘 통하는 비닐로 쌉니다.

거베라는 얕은 물에 담가 두어야 줄기가 오래 갑니다.

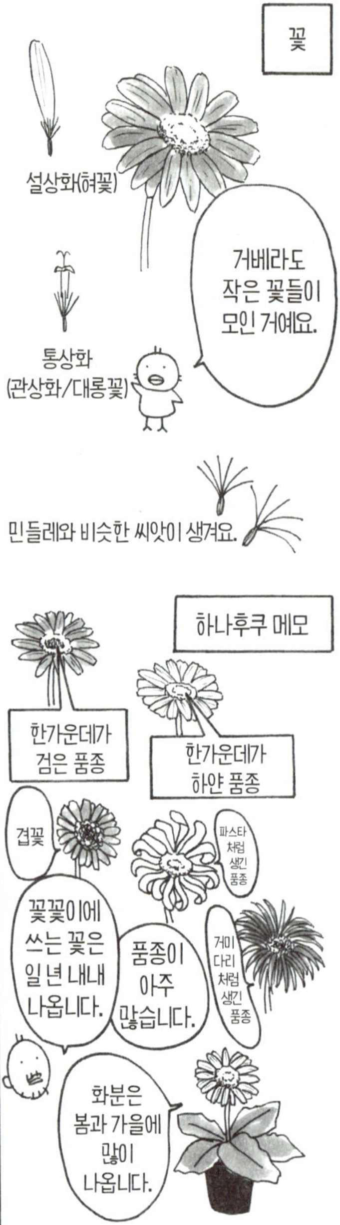

꽃

설상화(혀꽃)

통상화 (관상화/대롱꽃)

거베라도 작은 꽃들이 모인 거예요.

민들레와 비슷한 씨앗이 생겨요.

하나후쿠 메모

한가운데가 검은 품종

한가운데가 하얀 품종

겹꽃

파스타처럼 생긴 품종

거미다리처럼 생긴 품종

꽃꽂이에 쓰는 꽃은 일년 내내 나옵니다.

품종이 아주 많습니다.

화분은 봄과 가을에 많이 나옵니다.

1 화분에 심긴 거베라의 모습. 꽃은 봄과 가을에 핍니다.
2 한가운데는 통상화, 테두리는 설상화.
3 꽃꽂이에 다양하게 쓰기 좋은 밝은 분홍색 꽃. 4 통상화는 바깥쪽부터 안쪽으로 피기 시작합니다.

국화과 거베라속의 여러해살이풀의 총칭입니다. 원예 품종은 남아프리카와 그 주변에 있는 것으로 보이는 여러 종류로 만들었습니다. 그밖에 아프리카와 아시아에 40여 종 가까운 야생종이 있습니다. 일본에 들어온 것은 메이지(明治) 시대(1868~1912년) 말기로, 이후 많은 품종이 만들어졌습니다. 꽃꽂이에 사용되는 종류로만 2,000품종 이상이라고 합니다. 빨강, 분홍, 노랑 등 꽃의 색이 풍부하고 홑꽃, 겹꽃, 거미 다리처럼 생긴 품종 등 꽃잎의 생김새도 다양합니다. 꽃꽂이에 쓰는 꽃은 하우스 재배로 일 년 내내 나오고 있으며 꽃다발 등을 만들 때 장미, 백합과 함께 인기가 좋습니다. 꽃병에 꽂을 때는 물을 얕게 해야 줄기가 상하지 않고 오래 갈 수 있습니다. 시원한 곳에 두어야 좋고, 시장에서 파는 연명제(꽃이 오래 가게 하는 약품)를 넣으면 훨씬 오래 갑니다. 줄기 끝부분을 잘라주고 물을 자주 갈아주세요. 화분에 심은 거베라는 봄 또는 봄에서 가을에 걸쳐 꽃을 피우는 품종이 많습니다. 햇볕이 잘 드는 곳을 좋아하므로 밝은 곳에서 키워주세요. 따뜻한 지역에서는 바깥에서 겨울을 보낼 수도 있습니다. 비교적 튼튼하고 강하기 때문에 초보자도 키우기 쉽습니다.

91

금어초 (金魚草 / 금어초)

학명: *Antirrhinum majus* 현삼과 금어초속

영어명: snapdragon

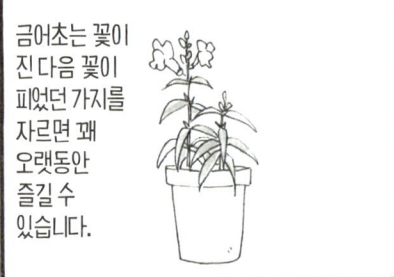
금어초는 꽃이 진 다음 꽃이 피었던 가지를 자르면 꽤 오랫동안 즐길 수 있습니다.

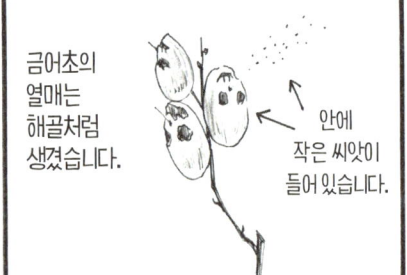
금어초의 열매는 해골처럼 생겼습니다. 안에 작은 씨앗이 들어 있습니다.

언제나 가지치기를 하는데, 이번에는 해골을 만들어보자. 씨익
그래서 씨앗을 만들었더니, 시들어버리고 말았습니다.

대신 베란다의 화분과 아파트 앞마당에서 금어초가 자라났습니다.

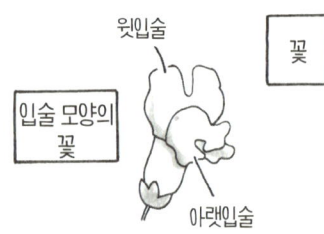
꽃
입술 모양의 꽃
윗입술
아랫입술

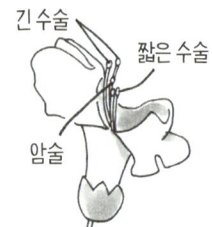
긴 수술
짧은 수술
암술
꽃잎은 서로 붙어 있어요.

금붕어와 닮아서 금어초

영어 이름은 snapdragon

하나후쿠 메모
꽃꽂이에 쓰는 꽃은 거의 일년 내내 나오고 품종도 다양해요.
화분도 거의 일년 내내 나와요.

1 꽃이 진 후 자르지 않고 그대로 두면 이렇게 씨앗이 생깁니다. 2 한여름과 한겨울 이외에는 꽃이 잘 핍니다.

현삼과 금어초속인 여러해살이풀이지만 보통 한해살이풀로 취급합니다. 지중해 연안이 원산지로 에도(江戶) 시대(1603~1867년) 후기에 일본에 들어왔으며 이름의 유래는 꽃의 생김새가 금붕어를 닮은 데에서 온 것 같습니다. 꽃의 색깔이 풍부하고 품종도 아주 다양합니다. 꽃이 피는 시기는 한여름을 제외하고 봄부터 가을에 걸쳐서 길게 핍니다. 최근에는 키가 작은 품종도 인기입니다. 꽃꽂이에 쓰는 품종은 하우스 재배로 일 년 내내 나옵니다. 꽃병에 꽂거나 꽃다발로 만들어도 좋습니다. 화분은 봄에서 여름에 걸쳐 많이 나옵니다. 만화에도 그렸지만, 해골을 보려고 씨앗을 만들었더니 그 줄기가 시들어버렸고 그 대신 근처에서 싹이 텄습니다. 씨앗을 보지는 못했지만 발아율이 좋은 것에 감탄했습니다.

92 베고니아

Begonia
베고니아과 베고니아속

베고니아에 암꽃과 수꽃이 있다는 건 몰랐어요.
수꽃
씨방이 있고, 씨앗이 되어요.

베고니아에는 꿀이 없습니다.
꽃가루 먹자.
암꽃

이쪽은 어떨까?
부웅~

어? 이쪽은 꽃가루가 없네.
이런 식으로 곤충들은 꽃가루받이를 합니다.

베고니아는 엄청나게 종류가 많아.
좀 복잡한 걸요.

센퍼플로렌스
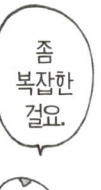
비내한성 여러해살이풀로 일년 내내 핍니다.
잘 심어진 아이

그랜디스

꽃이 큰 품종이 많습니다.

알뿌리성 베고니아는 추위에 강합니다. 에도 시대에 들어왔습니다.

구근 베고니아
위로 뻗으며 자라기도 하고, 아래로 늘어지기도 합니다.

엘라티오르 베고니아

원예종으로 리갈 베고니아 등이 있습니다.

렉스 베고니아
근경(뿌리줄기)성으로 잎 색깔의 종류가 많습니다.

목립 베고니아

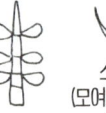
소새형 (모여서 자라는 형태)

다육경형 (다육 성질의 줄기를 가진 형태)

시립형 (화살처럼 서 있는 형태)

1 반질반질 광택이 있는 잎사귀, 대부분 무리지어 있기 때문에 찾기 쉽습니다. 2 작은 붓꽃 같은 꽃입니다.
3 암꽃에는 꽃가루가 없습니다.

베고니아과 베고니아속 여러해살이풀의 총칭입니다. 대부분 봄부터 가을에 걸쳐 오랫동안 꽃을 피우지만 최근에는 겨울이 따뜻해서 겨울에도 시들지 않고 피어 있기도 합니다. 꽃을 즐기는 종류부터 잎을 즐기는 종류까지 품종이 아주 많습니다. 꽃밭이나 공원 등에서 잘 볼 수 있는 베고니아는 '베고니아 센퍼플로렌스'라는 품종으로 아마 가장 인기가 좋지 않을까 싶습니다. 중국이 원산지로 에도(江戶) 시대에 들어온 '그랜디스'도 베고니아의 한 종류입니다.

원예종

93 아프리카봉선화

학명
Impatiens walleriana
봉선화과 봉선화속

영물명
busy Lizzy, patient Lucy,
patience plant, Zanzibar balsam

여름에 꽃밭을 물들이는 아프리카봉선화

열매

터져서 씨앗이 날아가요.

꽃이 피기 시작할 때는 웅성기 (雄性期)

수술

같은 봉선화과의 봉선화와 비슷해요.

이윽고 수술이 떨어지고 자성기 (雌性期)로 들어갑니다.

데굴 데굴

그러게 말이야. 이쪽이 수컷, 이쪽은 암컷

남 몰래 그런 변화를 일으키고 있었구나.

뉴기니아 임파첸스

아프리카봉선화보다 꽃이 크고 잎도 다르게 생겼어요.
더위에 약간 약합니다.

산파첸스

더위에 강합니다.
개량품종으로 엄청나게 커집니다.

200

1 뉴기니아 임파첸스. 수술이 있는 시기란 걸 알 수 있습니다.
2 열매의 모습.
3 씨앗을 날려버린 후의 모습.
4 아프리카봉선화 자성기의 모습.
5 아프리카봉선화 웅성기의 모습.

봉선화과 봉선화속 여러해살이풀이지만, 일본에서는 한해살이풀로 취급합니다. 아프리카가 원산지여서 '아프리카봉선화'라고도 부릅니다. 초여름부터 가을에 걸쳐 쉬지 않고 이어서 꽃을 피웁니다. 반그늘을 좋아해서 볕이 잘 들지 않는 화단에서 큰 활약을 펼칩니다. 언제부터인가 봉선화를 대신해서 완전히 여름 꽃밭을 대표하는 꽃이 되었습니다. 품종도 많고 최근에는 겹꽃도 인기입니다. 같은 계통의 뉴기니아 임파첸스는 더위에 좀 더 약하기 때문에 몹시 더운 날에는 조심해야 합니다. 반그늘의 시원한 곳에서 키워주세요. 보통 홑꽃 아프리카봉선화는 씨앗을 얻을 수 있지만 겹꽃은 씨앗이 생기기 어려운 듯합니다. 몇 해 전부터 나오고 있는 산파첸스는 줄기가 깜짝 놀랄 만큼 크게 자랍니다.

94 샐비어

학명 / *Salvia* 꿀풀과 샐비어속

영문명 / romana, sage

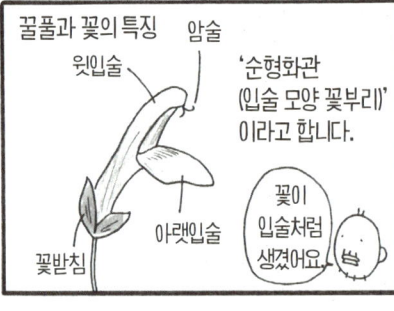

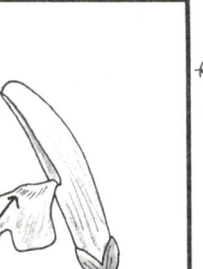

체리 세이지(Salvia microphylla)

영문명 / common sage(세이지)
학명 / Salvia(샐비어) officinalis

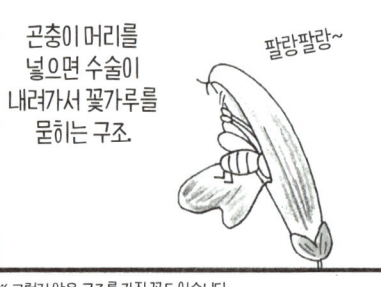

잘 보면 빨간 것은 Salvia splendens

※ 그렇지 않은 구조를 가진 꽃도 있습니다.

1 곤충이 머리를 넣으면 위에서 수술이 내려오는 구조입니다. 2 샐비어(Salvia splendens) 3 멕시칸 세이지(Salvia leucantha) 4 사파이어 세이지(Salvia guaranitica)

깨꽃과 샐비어속의 여러해살이풀입니다만 일본에서는 한해살이풀로 취급합니다. 여름 꽃밭의 대표 선수로 말할 수 있는 빨간 샐비어는 Salvia splendens로 브라질이 원산지입니다. 일본에 들어온 것은 메이지(明治) 시대(1868~1912년)이지만 본격적으로 보급된 때는 쇼와(昭和) 시대(1926~1989)에 들어와서부터입니다. 품종이 많고 블루 샐비어(blue salvia)와 사파이어 세이지(Salvia guaranitica)를 시작으로 체리 세이지와 아메지스트 세이지(Amethyst sage)도 같은 종류입니다. '샐비어'와 '세이지'의 이름이 붙은 품종이 섞여 있어 복잡한데, 명확히 구분하기는 어렵지만 대개는 같은 종류입니다. 세이지 종류는 허브 취급을 받는 것이 많아 체리 세이지처럼 잎에서 상쾌한 향기가 나는 것이 많습니다. 칸도(関東) 지역 아래에서는 잎이 약간 지지만 월동도 가능합니다. 튼튼해서 그다지 손이 가지도 않고 햇볕이 잘 드는 곳에 심어두면 차례로 꽃을 피웁니다. 주로 봄에서 가을에 걸쳐서 여러 종류의 샐비어와 세이지가 화분으로 나옵니다. 위쪽의 오른쪽 사진에서 볼 수 있는 수술 실험은 꽃의 구조를 알 수 있어 재미있으니 꼭 한 번 해보세요.

1 한가운데에 있는 통상화(대롱꽃)는 바깥쪽부터 안쪽을 향해 점점 피어납니다.
2 해바라기 한가운데 부분의 통상화.
3 이 꽃잎은 레몬 같은 노란색이에요.

국화과 해바라기속의 한해살이풀로 이름의 유래는 성장기에 꽃이 해를 따라가듯 방향을 바꾸는 데서 온 것 같습니다. 북아메리카가 원산지로 페루의 국화입니다. 기원전부터 아메리카 원주민의 식량으로 재배되기도 했습니다. 일본에는 17세기 중반에 들어왔는데 폭넓게 재배되기 시작한 때는 쇼와(昭和) 시대(1926~1989년)에 들어와서부터입니다. 관상용 외에도 씨앗을 먹거나 기름을 얻기 위해 재배하고 있습니다. 화분은 주로 여름에 나오는데, 최근에는 너무 크게 자라지 않는 품종이 인기가 좋습니다. 꽃꽂이용과 화분 둘 다 품종이 다양하고 노란색 말고도 갈색이나 거무스름한 색의 꽃도 있습니다. 꽃꽂이에 쓰는 꽃은 거의 일 년 내내 나옵니다. 겨울에 해바라기를 처음 보았을 때는 왠지 모를 위화감이 들었지만, 요즘은 익숙해졌습니다.

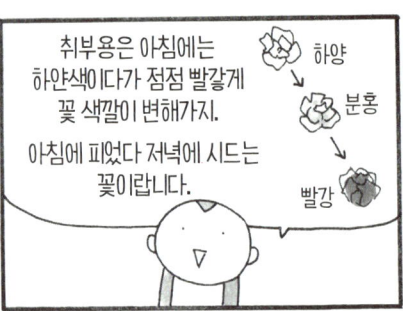

1 점점 빨갛게 되어가는 취부용의 모습, 날이 더워질수록 변화가 빠릅니다. 2 씨앗은 모히칸 스타일입니다.
3 겨울철 시든 줄기에 씨앗이 남아있는 모습입니다. 4 취중 부용

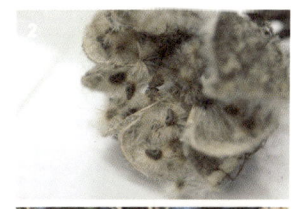

아욱과 부용속의 원예 품종으로 갈잎작은키나무입니다. 키는 1~3m 정도 자랍니다. 부용은 중국, 대만, 오키나와부터 일본의 칸도(関東) 지방 남쪽에 걸쳐 저절로 나서 자라고 있습니다. 취부용은 부용의 원예 품종입니다. 꽃은 일일화로, 꽃 색깔이 아침에는 하얗고 저녁 무렵이 되어가면서 취한 것처럼 빨갛게 변합니다. 그래서 '취부용'이란 이름이 붙었습니다. 꽃이 피는 시기는 보통 부용보다 약간 늦은 8월 말부터 10월 무렵입니다. 커다란 꽃이 매우 아름답고 사람들의 눈을 끕니다. 겨울에는 추우면 땅 윗부분이 시들어버리는 경우도 있지만, 칸도(関東) 지방의 남쪽에서는 바깥에서 겨울을 보낼 수 있습니다. 화분과 묘목은 초여름에서 가을 사이에 많이 나오는데 매우 인기가 좋습니다.

97 나팔꽃 (朝顔 / 조안)

학명: *Ipomoea nil*
메꽃과 나팔꽃속

영문명: Japanese morning glory, morning glory

여러분이 알고 계시듯이 나팔꽃은 낮이 되면 시듭니다.

가게는 10시에 문을 열기 때문에, 가장 멋진 모습을 보여드릴 수가 없습니다.

아, 시드는구나. 아쉽다.

이 나팔꽃은 왜 시들었어?

나팔꽃은 원래 낮에는 시들어 있다고요.

흐린 날에는 낮 시간 늦게까지도 피어 있어서 기쁩니다.

모두 보세요.

꽃

깔대기 모양의 꽃

꽃잎이 붙어있는 '합판화' 랍니다.

삭과 (안에 씨앗)

여러해살이 나팔꽃

여러해살이 나팔꽃은 하루 종일 피어 있어.

엄청나게 크게 자라는구나.

하나후쿠 메모

화분은 초여름에서 가을까지.

1 첫해에는 9월 무렵부터 피기 시작해서 저녁까지 오랫동안 피어 있습니다. 2 이듬해부터는 6월 무렵에 꽃이 피기 시작합니다.

메꽃과 나팔꽃속의 덩굴성 한해살이풀로 열대 아시아와 히말라야가 원산지입니다. 일본에는 나라(奈良) 시대(710~794년)에 들어왔다고 전해집니다. 에도(江戶) 시대(1603~1867년)에 나팔꽃이 유행하면서 품종개량이 일어나 품종이 아주 많아졌습니다. 나팔꽃은 해가 지고 나서 10시간 즈음 후에 꽃이 피는 성질이 있어 7월 무렵에는 아침 5시, 9월이 되면 아침 4시 무렵부터 꽃이 피기 시작합니다. 나팔꽃 화분은 초여름부터 여름 내내 나오는데 최근에는 여러해살이 나팔꽃과 한해살이 미국나팔꽃도 있습니다. 대부분 단일식물(밤의 길이가 일정 시간 이상 길어지면 꽃을 피우는 식물)이므로 낮이 짧아지면서부터 꽃을 잘 피웁니다. 생육이 왕성해 금방 무성해져서 그린 커튼(green curtain, 식물을 키워 창문을 가리는 커튼 역할로 쓰는 것으로 전기 에너지 절약을 포함해 여러 효과가 있음)으로 쓰이고 있습니다. 여름이 되면 여기저기에서 나팔꽃 시장이 열리는데, 도쿄에서는 이리야(入谷) 마을의 나팔꽃 시장이 유명합니다.

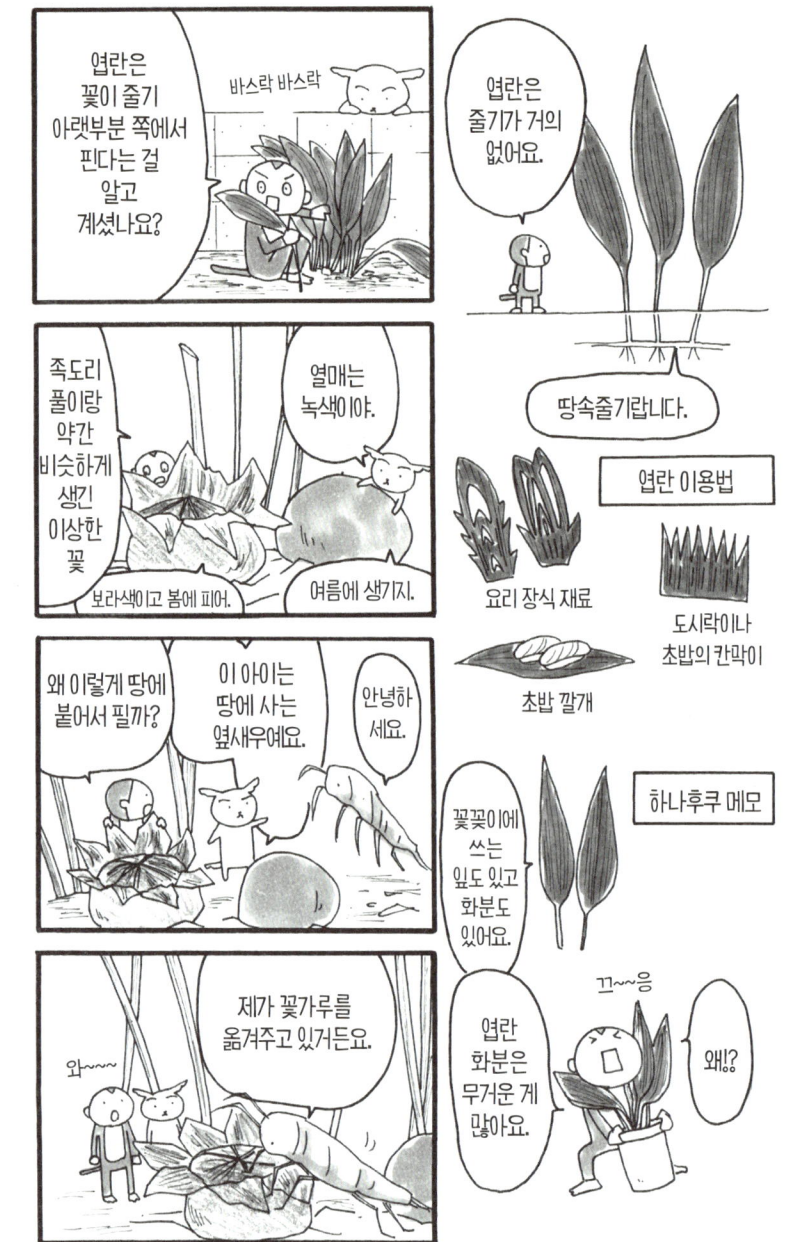

1 땅속줄기에서 커다란 잎들이 뻗어나와 군락을 이루고 포기나누기로 번식해요. 2 꽃도 땅에 바싹 붙어서 핍니다.

백합과 엽란속의 늘푸른여러해살이풀로 중국이 원산지입니다. 에도(江戶) 시대(1603~1867년)에 들어왔다고 전해지지만, 그 외에도 여러 설이 있는 것으로 보아 옛날부터 재배되었던 듯합니다. 그늘을 좋아하고 봄에 족두리풀과 비슷한 다육식물 성질의 꽃이 피는데 땅바닥에 바싹 붙어 피기 때문에 그다지 눈에 띄지 않습니다. 꽃이 진 후에는 동그란 녹색 열매가 생깁니다. 잎에 무늬가 있는 원예종도 있고 화분은 흔치 않아 가끔 꽃시장에 나옵니다만 꽃꽂이 재료로 쓰는 잎은 일 년 내내 나옵니다. 엽란의 꽃은 본 적이 없어서 한번 보고 싶다고 생각했는데, 깜빡하다가 꽃 피는 시기를 놓쳐버리고 말았습니다. 내년에는 잊지 않고 꼭 찾아보려고 합니다. 엽란의 열매는 본 적이 있는데, 역시 땅에 바싹 붙어 있었습니다.

1 빨간 부분이 '포(포엽)'입니다. 낮이 짧아지면 빨갛게 물들지만, 자연 상태에서는 이렇게까지 빨갛게 되지는 않아요.
2 포인세티아의 침입니다.

대극과 대극속의 늘푸른작은키나무로 멕시코와 중앙아메리카가 원산지입니다. 일본에는 메이지(明治)시대(1868~1912년)에 들어왔고 별명은 '성성목(猩猩木)'이에요. 단일식물이라 낮이 짧아지면 포엽(포)이 빨갛게 물드는데, 현재는 크리스마스에 맞춰 단일처리해서 나오고 있습니다. 원래 따뜻한 지역에 사는 식물인지라 겨울이 추운 일본에서 바깥에 내놓으면 다치기 쉽지만, 최근에는 계속 품종이 개량되면서 훨씬 튼튼해졌고 분홍색과 녹색, 하얀색 등 색깔도 다양해졌습니다. 만화에 그린 이상한 꽃은 품종에 따라 미묘하게 얼굴이 달라서 비교해보시면 재미있을 겁니다. 화분은 크리스마스 전에 많이 나오지만 작년에는 여름 꽃시장에 나온 걸 보고 깜짝 놀랐습니다. 때에 따라서 나오는 시기가 빨라지는 것 같기도 합니다.

100 시클라멘

학명: *Cyclamen*
앵초과 시클라멘속

영명: alpine violet, Persian violet, sowbread

저기요, 꽃집 아저씨
예?

꽃

빗물에 꽃가루가 흘러내려 가지 않도록 꽃은 아래를 향해 피어요.

수술
암술

작년에 산 시클라멘이 또 꽃을 피우긴 했는데, 잎이 마구 뻗쳐 정신이 없어요. 왜 그렇죠?

휘청휘청~

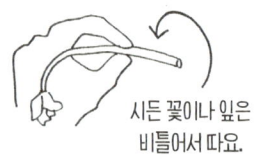

시든 꽃이나 잎은 비틀어서 따요.

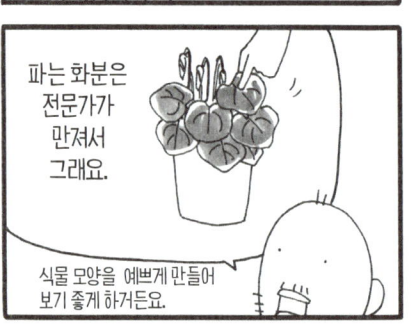

파는 화분은 전문가가 만져서 그래요.

식물 모양을 예쁘게 만들어 보기 좋게 하거든요.

그대로 놔두면 씨앗이 생겨요.

가든 시클라멘

추위에 강하니 바깥에서도 OK!

그렇구나, 그럼 그대로 두어도 괜찮을까요?

가끔 비료는 주세요.

최근에는 아직 더울 때인데 꽃 시장에 시클라멘이 있어 깜짝 놀랐어요

빨라요~

1 아래를 보며 피는 시클라멘은 '화톳불꽃'이라고 불리기도 합니다. 2 꽃이 진 다음 그대로 두면 씨앗이 생깁니다.
3 시클라멘 네아포리타눔

앵초과 시클라멘속의 구근성 여러해살이풀입니다. 지중해 연안이 원산지로 메이지 시대(1868~1912년)에 일본에 들어왔습니다. 1945년 이후 본격적으로 보급되어 겨울을 대표하는 화분으로 자리 잡았습니다. 가을부터 봄까지 계속 꽃을 피우는데 품종이 아주 많고 꽃 색깔도 다양합니다. 최근에는 겹꽃, 술 무늬 꽃을 비롯해 향기가 유난히 좋은 품종도 있답니다. 꽃이 작은 미니 시클라멘과 추위에 강한 가든 시클라멘도 품종이 많아 겨울에 꽃집 앞을 활기차게 꾸며줍니다. 시클라멘은 비료가 필요한 식물이라 자주 액체비료를 주면 꽃이 많이 핍니다. 실내에서 키울 땐 따뜻한 바람을 직접 맞지 않게 하면서 밝은 곳에 놓아두세요.

식물명 색인

ㄱ

가래나무 - 168
가시나무 - 164
감/감나무 - 172
강아지풀 - 60
개망초 - 36
거베라 - 194
거지덩굴 - 58
계수나무 - 174
계요등 - 66
고사리 - 22
광대나물 - 24
괭이밥 - 42
구골나무 - 178
금목서 - 160
금어초 - 196
꽃댕강나무 - 146
꽃창포 - 44

ㄴ

나팔꽃 - 208
남천 - 170
납매 - 106
냉이 - 10
녹나무 - 126
누리장나무 - 148
느티나무 - 124

ㄷ

닭의장풀 - 50
도라지꽃 - 86
동백나무 - 186

등골나물 - 84
등나무 - 130
때죽나무 - 128

ㅁ

마타리 - 82
매화나무 - 104
머위 - 20
무궁화 - 150
미국산딸나무 - 118
민들레 - 26

ㅂ

바랭이 - 62
배롱나무 - 144
백목련 - 112
백합 - 56
버드나무 - 100
벚나무류 - 116
베고니아 - 198
별꽃 - 8
병솔나무 - 154
복수초 - 12
봄망초 - 36
부겐빌레아 - 156
비파나무 - 180
뻐꾹나리 - 88

ㅅ

산딸나무 - 118
삼나무 - 98
삼지닥나무 - 110

샐비어 - 202
서향 - 108
석산 - 70
섬물푸레나무 - 132
소나무 - 102
쇠뜨기 - 16
쇠비름 - 52
수국 - 138
수선화 - 14
시클라멘 - 214
식나무 - 184
싸리 - 72

ㅇ

아프리카봉선화 - 200
야고 - 76
약모밀 - 46
양미역취 - 64
억새 - 74
엉겅퀴 - 54
엽란 - 210
오이풀 - 90
유채 - 30
은행나무 - 166
이삭여뀌 - 92
일본목련 - 136
일본붓꽃 - 34

ㅈ

자운영 - 28
작살나무 - 162
장미 - 192

제비꽃 - 18
좀양귀비 - 32
죽절초 - 182
질경이 - 40

치자나무 - 152
침 - 78

ㅌ
태산목 - 134
털머위 - 94
털별꽃아재비 - 38
토종목련 - 114
튤립 - 190

ㅍ
팔손이 - 176
패랭이꽃 - 80
포인세티아 - 212

ㅊ
참오동나무 - 140
철쭉 류 - 120
초롱꽃 - 48
취부용 - 206

ㅎ
해바라기 - 204
협죽도 - 142
황매화 - 122

참고 문헌

- 〈원예학대사전〉(1~6) 소학관 (1988~1990)
- 〈학연의 도감식물〉 학습연구사 (1970)
- 마에카와 후미오(前川文夫) 〈왕문사학습도감 휴대판 식물〉(왕문사) (1977)
- 오오바 타츠유키(大場達之) 외 〈학습도감백과 야산의 초화와 나무〉2 학습연구사 (1979)
- 스기무라 노보루(杉村昇) 〈이름이 알려진 들판의 초화도감〉1,3,5 계성사 (1985~1992)
- 쿠사카와 슌(草川俊) 〈채소, 산채소 박물사전〉 동경당출판 (1992)
- 쿠사카와 슌(草川俊) 〈유용 약초 박물사전〉 동경당출판 (1992)
- 〈식물의 세계〉 조일신문사 (1994~1997)
- 무라타 노부요시(村田信義) 〈길가의 먹을 수 있는 산야초〉 계성사 (1997)
- 오카모토 노부토(岡本信人) 〈길가의 풀을 먹다〉 법연 (1998)
- 히시야마추자부로(菱山忠三郎) 〈산야초 잡초부터 산나물, 약초, 독초까지 450종 특징과 구분법〉주부의친구사 (1998)
- 마키노 토미타로(牧野富太郎) 〈개정증보 마키노 신일본 식물도감〉 북륭관 (1999)
- 이시이 에미(石井英美) 외 감수 〈나무에 피는 꽃 갈래꽃①〉 산과계곡사 (2000)
- 오오타 카즈오(太田和夫)외 감수 〈나무에 피는 꽃 갈래꽃②〉 산과계곡사 (2000)
- 키요미즈 쿠코우(清水矩宏)외 편 〈일본귀화식물사진도감〉 전국농촌교육협회 (2001)
- 시게키 토오루(茂木透) 외 〈나무에 피는 꽃 통꽃, 외떡잎, 겉씨식물〉 산과계곡사 (2001)
- 야나기 무네타미(柳宗民) 〈야나기 무네타미의 잡초의 소리〉 매일신문사 (2002)
- 히노 히가시(日野東) 〈산나물 핸드북 사계절 들풀과 나무의 열매를 보고 따고 맛보다〉 나츠메사 (2003)
- 요코(マサヒロ) 감수, 번역 〈A-Z 원예식물백과사전〉 성문당신광사 (2003)
- 식물문화연구회편, 키무라 요우지로(木村陽二郎) 감수 〈도설 꽃과 나무 사전〉 백서방 (2005)
- 이와츠키 히데아키(岩槻秀明) 〈길가에서 잘 발견하는 잡초와 들풀을 잘 아는 책〉 수화시스템 (2006)
- 타나카 오사무(田中修) 〈잡초의 이야기, 발견하는 법, 즐기는 법〉 중앙공론신사 (2007)
- 오오바 히데아키(大場秀章) 〈식물분류표〉 아보크사 (2008)
- 타다 타에코(多田多恵子) 〈근처의 식물에서 발견! 씨앗들의 지혜〉 일본방송출판협회 (2008)
- 하야시 마사유키(林将之) 〈잎으로 발견하는 나무〉 소학관 (2010)
- 소에지마 아키코(副島顕子) 〈식물 이름 영어 사전〉 소학관 (2011)
- 아네자키 카즈마(姉崎一馬) 〈자연이 보인다! 나무 관찰 필드 노트, 가지의 뻗은 모양과 입지/ 진화의 역사를 알면 환경이 통째로 보인다〉 소프트뱅크 크리에이티브 (2012)
- 타나카 오사무(田中修) 〈식물은 대단해/ 살아남기 위한 구조와 궁리〉 중앙공론신사 (2012)
- 야노 오키히토(矢野興一) 〈관찰하는 눈이 바뀌는 식물학 입문〉 벨출판 (2012)
- 요네쿠라 코우지(米倉浩司), 무라타 진(邑田仁) 감수 〈일본 유관속식물 목록〉 북륭관 (2012)
- 이시이 세이지(石井誠治) 〈어른의 나무학〉 양천사 (2013)
- 타나카 오사무(田中修) 〈식물의 멋진 생활 방식, 끝까지 살아남는 경이로운 구조〉 환동사 (2013)
- 요네쿠라 코우지(米倉浩司), 무라타 진(邑田仁) 감수 〈유관속식물 분류표〉 북륭관 (2013)
- 이네가키 히데헤이(稲垣栄平) 〈집 근처 잡초의 유쾌한 살아가는 법〉 축마서방 (2013)
- 이네가키 히데헤이(稲垣栄平) 〈집 근처 들풀 일본의 마음〉 축마서방 (2014)
- 미야쿠니 신이치(宮国晋一) 〈주워서 즐기는 도토리 이름 사전〉 세계문화사 (2014)
- 시마다 유키히사(嶋田幸久) 〈식물의 몸속에서는 무슨 일이 일어나고 있을까?〉 벨출판 (2015)

만화와 사진으로 즐기는 풀꽃의 비밀과 매력
재미있는 식물 산책 도감

2019년 5월 20일 1판 1쇄 인쇄
2019년 5월 27일 1판 1쇄 발행

지은이 | 하나후쿠 코자루
옮긴이 | 이태용
발행인 | 최한숙
펴낸곳 | **BM** 성안북스

주 소 | 04032 서울시 마포구 양화로 127 첨단빌딩 5층(출판기획 R&D 센터)
       | 10881 경기도 파주시 문발로 112 파주출판문화산업단지(제작 및 물류)

전 화 | 02) 3142-0036
       | 031) 950-6386

팩 스 | 031) 950-6388
등 록 | 1978.9.18 제406-1978-000001호
출판사 홈페이지 | www.cyber.co.kr
이메일 문의 | heeheeda@naver.com
ISBN | 978-89-7067-351-6 (03480)
정가 | 16,800원

이 책을 만든 사람들
본부장 | 전희경
교정 | 김하영, 하명란
디자인 | 디박스
홍보 | 김계향, 정가현
마케팅 | 구본철, 차정욱, 나진호, 이동후, 강호묵
제작 | 김유석
사진 | 하나후쿠 코자루, 하나폰
원서 디자인 | 고우바라 타카아키(CRUNCH WORKS)

이 책의 어느 부분도 저작권자나 **BM** 성안북스 발행인의 승인 문서 없이 일부 또는 전부를 사진 복사나 디스크 복사 및 기타 정보 재생 시스템을 비롯하여 현재 알려지거나 향후 발명될 어떤 전기적, 기계적 또는 다른 수단을 통해 복사, 재생하거나 이용할 수 없음.

■ 도서 A/S 안내

성안북스에서 발행하는 모든 도서는 저자와 출판사, 그리고 독자가 함께 만들어 나갑니다.
좋은 책을 펴내기 위해 많은 노력을 기울이고 있습니다. 혹시라도 내용상의 오류나 오탈자 등이 발견되면 **"좋은 책은 나라의 보배"**
로서 우리 모두가 함께 만들어 간다는 마음으로 연락주시기 바랍니다. 수정 보완하여 더 나은 책이 되도록 최선을 다하겠습니다.
성안북스는 늘 독자 여러분들의 소중한 의견을 기다리고 있습니다. 좋은 의견을 보내주시는 분께는 성안당 쇼핑몰의 포인트
(3,000포인트)를 적립해 드립니다.
잘못 만들어진 책이나 부록 등이 파손된 경우에는 교환해 드립니다.